현대신서
49

망각의 형태

막 오제

김수경 옮김

東文選

망각의 형태

Marc Augé
Les formes de l'oubli

© 1998, Éditions Payot & Rivages

This edition was published by arrangement
with Éditions Payot & Rivages, Paris
through Bestun Korea Literary Agency, Seoul

차 례

머리말 ··· 7

기억과 망각 ··· 9

이야기로서의 삶 ······································· 31

망각의 세 가지 형태들 ···························· 57

망각의 의무 ·· 91

각 주 ··· 95

머리말

 개인에게 그러하듯 망각은 사회에도 필요하다. 현재·순간, 그리고 기다림의 맛을 음미하려면 망각할 줄 알아야 하지만, 기억 그 자체가 망각을 필요로 하기도 한다. 오래된 과거를 되찾기 위해선 가까운 과거는 잊어버려야 하기 때문이다. 따라서 그것이 시간 사용법(l'emploi du temps)에 대한 작은 개론서처럼 보이는 이 책의 주된 요지이기도 하다.
 나는 세 차례의 수업으로 이루어진 강의의 형식으로 이 책을 엮었으나 실제 강의는 아니며, 어느 누구에게도 수업을 할 생각은 없다. 단지 이러한 형식이 내가 독자에게 보다 직접적으로 이야기를 건넬 수 있도록 해주기는 한다. 이러한 점에서 난 독자가 귀를 기울이는 것 이상을 모색하는데, 말하자면 그의 동참이다. 왜냐하면 내가 제시할 가장 적절한 주장들이나 가장 적절치 못한 주장들을 그들이 자신의 고유한 경험을 토대로 평가해 보았으면 하고 바라기 때문이다.
 첫번째 '수업'에선 정신분석학자들과 더불어 '기억의 자취(trace mnésique)'의 개념에 관하여, 그리고 추억과 망각 사이의 관계에 관하여 질문을 제기할 것이다. 인류학자들, 그리고 철학자들과의 두번째 대화는 어떠한 삶이건 하나의 이야기로서 체험되는 것이라는 가정을 테스트해 보기 위한 것이다. 그 세번째 것은 몇몇 소설가의 도움으로 망각의 세 가지 형태인 귀환(retour), 기대(suspens), 그리고 다시 시작하기(recommencement) 등에 대해서 조명해 보려고 한다.

끝으로 내가 민족학자인 만큼 현장을 중심으로 한 내 고유한 추억들이나 민족학 문헌 안에서 그 세 가지 항목들이 답변하고자 했던 질문들에 대한 소재를 취할 것이다. 일반적으로 탐색의 대상이 되는 것들은 답변을 제시하지만, 질문을 제기하지는 않으므로 역할이 뒤바뀐 민족학 훈련이 될 것이다.

기억과 망각

 하나의 우회적인 방법이긴 하지만, 이제 내가 개진하고자 하는 토론의 용어들을 차츰 명확하게 밝히게 될 몇 가지 예비 고찰들을 살펴보는 것으로 시작해 보려고 한다. 사실 나는 희귀하다거나 어색한 데가 전혀 없는데도 사고(思考)가 위험한 덫에 빠지게 되는 몇몇 단어들을, 당연히 먼저 언급할 필요가 있다. 그러한 방법으로 단어들은 수 세기 전부터 다양하고 복잡한 사고들을 함정에 빠뜨려 왔으며, 그 잡다하고 요란하며 돌변하는 (사고의) 비약은 그것을 확장시키는 경솔한 자의 지성과 감각을 제멋대로 조종해 왔노라고 말하고 싶은 것이다.

 사실상 사람들은 매일 생각을 확장시키고 있다. 이를테면 교수들, 철학자들, 논술을 작성하는 고교생들이나 대학생들, 정치인이나 언론인들, 또 그밖의 사람들이 말장난하는 것으로 시간을 보내고 있으며, 그래서 우연이든 경솔함에서든 자주 사고를 넓히게 되는 것이다. 하지만 사고란 안에 틀어박혀 있기를 좋아하고, 오래 전부터 그것을 거의 전부 길들여 온 프랑스(서구 유럽)에서조차도 그 안에는 작으나마 원시의 속성이 간직되어 있게 마련인데, 그것이 날개를 펴고서 대낮의 빛에 펄럭이자마자 사고는 자신을 다시 수용하고 보호하며 은닉하는 단어들을 향해서 돌진하게 되는 것이다. 요컨대 어쩌면 그것은 야조(夜鳥)들인지도 모른다. 그것이 널리 퍼져 있는 견해일 수도 있다. 어쨌든 전문적인 사색가이며 사육자가 된 사고의 새 사냥꾼은 먼저 경계하는 것을 배우는데, 어떤 것들은 물어뜯기 때문이다. 그는 해를 끼치지 않고, 그것을 새집에서 끄집어 내어 진정시킨 다음, 그것을 관찰하고 어떤 방향으로 나아가는지, 어떤 색다른 사고들과 합류하는지, 그리고 어떠한 단어 안으로 도피하는지 볼 양으로 풀어 주면서 눈으로 감시하는 걸 배우는 것이다. 왜냐하면 확장된 사고가——실수에 의해서건, 불안이나 혹은 어쩌면 유사함 때문에——애초에 그것이 있었던 것과는 다른 단어 안으로 도피하는 것은 드문 일이 아니기 때문이다. 오늘날에는 이 단어에서 저 단어로 옮겨 가는 사고의 변화가——결과적으로 조금 전에 거론했던 실험적인 조건들과는 독립적인——생각했던 것보다 훨씬 오래되고, 훨씬 빈번한 현상이라는 것을 더 이상 부정하지 않는다.

민족학은 그러한 관점에서 우리에게 정보를 제공해 줄 수도 있었을 텐데, 왜냐하면 먼나라 공동체들은 관찰자에게 엄청나게 많은 새로운 단어를 제공해 주었기 때문이다. 그러나 그것은 오래 전의 일이며, 이를테면 자민족 중심주의나 더 나아가서 자민족 중심주의에 대한 두려움이라는 기만적인 해악 때문에 오늘날에는 그 어느 때보다도 침체 상태에 놓여 있다. 사실 자민족 중심주의에 대한 염려는 당연한 것이다. 그것은 원시적이었던 그들의 사고들을 예속하지도, 그것의 독창성을 무시하여 동화시키지도 말아야 한다는 전제하에 타인들에게 품고 있는 것과 똑같이 존중할 필요가 있는 것이다. 하지만 그것은 때때로 해로운 조언자이기도 한데, 왜냐하면 우리 환경에서 태어난 사고들은 이국적인 단어들에서 은신처를 찾지 않으며, 그 반대로 먼나라에서 온 생각들은 우리에게 친숙한 단어들(몇 가지 일반적인 가정에도 불구하고 사고의 대이동에 관해서 다 알고 있다고 하는 것은 당치 않다) 안에서 은닉되지 않는다고 말할 수 있는 것은 사실 아무것도 없기 때문이다. 또 타인들의 단어로 수용된 사고들——그 다채롭고도 영롱한 빛깔이 우리를 매혹하거나 관심을 갖게 하는 흑인들, 황인종이나 홍인종의 사고들——이 색다르다 할지라도 우리의 환경 내에 존속하고 있는 사고들과는 비교도 안 될 뿐더러, 게다가 그것을 구별하면서 그 사고들이 구별되는 한 타인들의 사고는 우리의 것을 자극하고, 그것에 활기를 불어넣으며, 마치 사람들이 때때로 분노 때문에 이성을 잃듯이, 요컨대 그에게는 문을 열고 바깥 세상을 보러 가는 평범한 방식에 다름 아니듯이 그들의 단어에서 벗어나게 할 힘이 없다고——가장 흥미로운 것도 바로 그 점이다——말할 수 있는 것 역시 아무것도 없기 때문이다. 단어들을 겁내지는 말자. 그 말은 곧 우리의 사고를 화나게 만들어야 한다는 것이다. 그러면 타인들의 사고가 우리를 도울 수 있을 것이다!

단어가 수용하고(왜냐하면 지적한다는 걸 잊었었는데, 그것에 대해 별로 아는 것도 없고, 당연히 서로 많이 닮지도 않은 짝짓기에서 파생한 사고들의 그 대단한 역량을 단 한 개의 단어가 모두 수용하는 것은 흔한 일이다) 있는 사고나 생각들을 그 한계에서 벗어나게 해주기 위해 단어를 반쯤 헤쳐 보는 최선의 방법은 그것을 번역해 보는 것이다. 누구나 알고 있듯이 번역은 지도를 제작하는 행위와 흡사하다. 각각의 자연 언어는 세계(외부 세계와 정신 현상으로서의 내적 세계) 안에다 단어들을 분류해 놓았다. 말하자면 그 안에다 경계를 그려넣었지만, 그 경계들이 이런 언어에서나 저런 언어에까지 다 일치하지는 않는다. 만일 여러분이 (아주 신속한 번역을 하면서) 다른 언어에 해당하는 단어 하나를 해석한다면, 전자의 단어에 자리잡고 있는 사고들이 후자의 단어로는 길들여지지 않는다는 놀라운 사실들을 접하게 될 것이다. 그것들이 단어에 너무 광범위하거나 너무 협소하기 때문이다. 나쁜 번역들은 정확한 단어들이 결핍되어 있는 탓에 숨이 막히거나 겉돌고, 한계를 벗어나는 사고들로 가득한데, 모든 훌륭한 번역가들은 타인들의 사고를 수용하기 위해서는 관련된 언어들에 따라 단어를 삭제하거나 덧붙이는 것이 절대적으로 필요하다는 걸 알고 있다.

타인들의 그러한 사고들에서 나오는 도발의 힘은 모든 언어들이 현실에서 요구하는 의미의 절단에 대한 문제, 경계들에 대한 문제와 매우 직접적으로 연결되어 있다. 간단한 예로서 생각이 짧은 사람은 "기다려라, 그리고 희망을 가져라"고 말할지도 모르는데, 그것은 몽테 크리스토 백작인 에드몽 당테스의 좌우명이다. 왜냐하면 우리는 우리의 언어에서 희망과 기다림(오래 전부터 기다려 왔던 누군가가 마침내 도착하는 걸 보면서, 그에게 조롱이나 애정의 빛이 담긴 어조로 "네가 올 줄 알았어!"라고 말하게 될지라도)을 구별하라고 배웠기 때문이다. 반면 카스티야어[1]는 이러한 구별을 하지 않는데, 기다리는 것, 그것은 곧 희망하는 것이기 때문이다. 사실인즉 거꾸로 놓는다든지, 적어도 미묘한 변화를 주려는 낙천가의 방정식인데, 만일 내가 그것의 표현 방식을 뒤바꾼다면 희망하는 것, 그것은 기다리는 일이 될 것이다. 어쨌든 기다림을 희망과 동일시하는 것은 고전비극이 태어난 고장에선 표명되기가 어려웠던 것이 사실이다. 돈키호테들과 그들의 풍차들, 또 다른 페드르들과 그네의 의붓아들들에게는 말이다!

똑같은 단어가 피와 같이 구체적인 물질과(적당한 단어들이 생각나지 않는다……) '층위' 혹은 요컨대 분명히 확신하고 있으며, 그 상태로 돌아갈 수 있듯이 떠날 수도 있는 심리적 능력을 가리키는 아프리카의 몇몇 언어들은 번역에 관한 해결 불가능한 문제들을 제기하고 있다. 동시에 그러한 표현은 우리가 다소 안일하게 그것을 가정해 보고 싶을 수도 있을 만큼 정서적으로나 정신적으로 우리와 무관하거나 생소한 것도 아니다. 사람들은 아프리카 사람들로 구성된 여러 개의 그룹들이 그보다 앞서서 정신기제(l'appareil psychique)를 표시했던 '위상학' 연구에 프로이트가 느낄 수도 있었던 흥미를 상상한다. 밤마다 꿈속의 마법에 걸려 혼란 상태에 빠지는, 명사화된 그 엄청난 힘들은 초기의 관찰자들을 아연케 했다. 그러나 자민족 중심주의(여기야말로 그것을 드러내는 장소이다), 정신분석 요법에 물든 민족학자들과 선교사들을 단순화시킨 그 자민족 중심주의는 그들의 약탈 행위를 실행해 버렸다. 사실 그것은 어떤 이들은 '초자아'라고 지칭한 것을 다른 이들은 '수호천사'라고 번역했기——손쉽게

뜻을 파악하려고, 또 있는 그대로를 받아들이지 않고 대충 어림잡아서 적어두었던 것 말이다——때문은 아니다. 그것은 너무도 성급했던 단어 파괴자들, 너무도 시야가 좁았던지 지나치게 자신을 과신한 그 새 사냥꾼들이 함부로 다룬 사고들의 가장 역동적인 양상이 존재하면서도 정신에서 몸으로, 그리고 정신 현상에서 행위로 이르는 이중적 동화를 표현했던 유물론에 대해선 너나할것없이 모두가 동시에 침묵을 지켰기(아니면 지역적인 호기심으로 '신앙'·'미신'이라고 일컬었기) 때문이다.

그렇기는 해도 우리의 사고들을 자극하고 그것을 변화하게 할 수 있는 것은 그와 같은 사고들이거나 그러한 유형의 타인의 사고이다. 다른 예를 들어 보자. 꿈속의 에피소드들이 그 전날 있었던 사건들에 이어서 계속되는 것이라고 여기는 아메리카 인디언들의 개념과 언어에서 비롯된 사고가 그러하다——이를테면 전날 밤과 꿈은 연속 상태라고 생각하며, 오직 한 사람만이 자기가 밤 동안 체험한 삶을 속속들이 전부 아침에 떠올리기 위해서 가장 명료하고 가장 강렬한 에피소드를 완벽하게 구상할 수 있는 똑같은 이야기의 대상으로 정해지는데, 그런 경우란 특히 가장 평판이 높은 샤먼들이다. 조르주 드브뢰[2] 같은 작가는 모하비 인디언들의 예에 관해서 우리의 것과는 그토록 상이한 사고의 표본이 어떻게 우리 고유의 범주들을 긴장시키고, 따라서 그것을 다시 정의할 기회를 제공하는지를 똑똑히 보여 주었다.

꿈의 체험은 모하비 인디언들의 이야기들과 행동들, 그리고 의례들 안에서 나타나는 우주론의 기초가 되는 것이다. 그렇지만 드브뢰는 꿈에 대한 그들의 관찰이 섬세하며 체계적이라고 지적하는데, 그것은 그들 스스로가 정상을 벗어나는 일이라고 판단하는 장애들과 악행들에 대한 그들의 해석에 일관성을 부여하고 있기 때문이다. 그들이 느끼는 꿈과의 친밀함이 신경쇠약증 환자들이나 정신질환자들의 심리적인 진화 과정을 '정상적인' 몽환적 활동 안에서도 표현되는, 충동의 보다 극단적인 표출이라고 간주하게끔 하는 것이다. 유럽인들은 자기 자신의 '정신질환의 씨앗'을 의식하는 것에 썩 마음내켜 하지 않는데, 그 가장 좋은 증거는 그들이——모하비인들에겐 있을 수도 없는——자신의 꿈들을 잊어버리는 성향이 있다는 것이다. 분명 드브뢰는 방법론의 관점에서 모하비인들에게 우리가 배울 것은 전혀 없다는 걸 인정하고 있다. (왜냐하면 그들의 방법론이란 '초자연주의자'의 것이고, 일탈 행위들과 꿈에 대한 관찰보다 선재(先在)하는 신화의 몸뚱이에 믿음을 부여하는 것이므로.) 그러나 본질적으로 우리의 문화가 획일화되고 있는 시대에 서구의 정신의학은 그 이질감을 극복함으로써 득을 볼 수도 있다는 것을, 또 다른 '참고 범주'에서 나온 실제의 현상들을 기술하고 있는 것인데——그것은 친숙하지 않은 범주 안에서 익숙한 문제들을 재검토하는 데 분명 도움이 된다고 드브뢰가 제시하고 있는 시험인 것이다.

그러므로 드브뢰의 입장은 표면적으로는 역설적이지만, 단지 표면적으로만 그럴 뿐이다. 그가 다른 곳의 문화를 이용하자는 것은, 우리네 문화의 타성과 기계적인 행위가 야기할 수도 있는 근시안적 사고나 무분별함을 해소하기 위해서이다. 그러나 그 추론은 모하비인에게도 같은 방식으로 적용될 터인데, 그것은 바로 눈을 멀게 하는 하나의 문화에 갇혀 버리는 것이다. 그러므로 다른 문화에 대한 이해는, 단 하나의 문화에 대한 전폭적인 지지를 상대화하는 장점을 가지고 있다. 이러한 상대화는 과학과 합리주의에 대한 비난과는 오히려 거리가 멀다. 비록 과학의 대가로 우리가 얻는 바가 그것이 아닐지라도 말이다. 다른 문화에 의한 문화의 상대화('참고 범주'의 변화)는 사실 각 문화 안에서 다른 문화들을 뒤흔들어 놓는 힘을 무엇보다 존중하는 반(反)문화주의 연습인 것이다.

이제 난 '깜짝 놀랄 만한' 몇 개의 단어들을 말할 터인데, 우선은 '망각'이라는 단어이고, '기억'이나 '추억'과 같이 그것과 밀접하게 연결되어 있으면서도 상반되는 것들이다. 그밖에 다른 몇몇 단어들은——망각 쪽으로는 '용서' '무관심' 혹은 '게으름' 처럼, 기억 쪽으로는 '후회'·'강박관념' 혹은 '원한' 같이——첫번째 단어들의 부수적 결과물이거나 변형된 것들, 그리고 비교적 조화를 이루고 있는 단어들이다. 그리고 또 두 개의 단어가 있는데, 바로 모든 단어들 중에서 가장 단순하지 않은 '삶'과 '죽음'이다. 왜냐하면 그 단어들은 사람들이 생각하는 것보다 가장 가깝고도 가장 대립적이며, 이 단어를 생각지 않고 저 단어를 사용할 가능성은 우리가 다른 언어로 그것을 번역하거나 다른 문화 안에서 그것의 동의어를 찾기 전에는 거의 없기 때문이다. 그 말들은 그것이 지시하고 있는 대상의 보편성에도 불구하고 결코 최상의 단어를 가질 수 없으며, 결코 완성된 단어를 입 밖에 낼 수 없다는 불가능성과 우린 대면하게 되는 것이다.

우리는 당분간 그 단어들 모두를 파생시키고 대립하며 서로 결합하거나 분리되도록 놔둘 것이며, 그 중간에 몇몇 텍스트들과 몇몇 문화에 의한 이중의 테스트를 받도록 할 것이다. 이를테면 그것들에 하나의 의미를 부과하면서, 그것을 사용하고 있는 텍스트들 및 그와 흡사한 단어들과 함께 다른 의미를 공들여 만들어 내는 문화들 말이다.

망각에 찬사를 보낸다는 것, 그것은 기억을 비방한다는 것, 더욱 추억을 무시한다는 것이 아니라 기억 속에서 망각의 작업을 인정하고 추억 안에서 그것의 존재를 찾아내는 것이다. 기억과 망각은 어떤 의미로는 삶이나 죽음 같은 관계를 유지하고 있는 것이다.

삶과 죽음은 서로가 서로의 연관성에 의해서만 정의될 수 있으며, 인류의 종교들 안에 있는 희생의 편재(遍在)는 의미의 차원에서 오는 이러한 제약을 표현하고 있다. 어떤 이들의 삶은 다른 이들의 죽음을 필요로 하는데, 그것의 증거는 물질적이고 신체적인 사건들에 평범하게 적용될 수도 있고, 혹은 복합적인 구조 안에서 상징적으로 재현될 수도 있다. 그것은 죽음과 개인 사이의 긴밀한 연관에 대하여 우리가 인지하는 경우에 있어서도 마찬가지이다. 이를테면 옛날에 비문(碑文)은 탄생에서 죽음에 이르기까지의 개인의 삶을 특징짓고 있으며, 따라서 "사람은 항상 홀로 죽어간다"라든가 "죽음은 삶을 운명으로 바꾼다"라고 가정으로 내세우는 명제들은——(하나는 거의) 속담 같은 소박함으로, 다른 하나는 때때로 좀 너무 웅변적인 작가의 능변에 의해서——이러한 자명함을 반복할 뿐이다. 개인적이고 확실한 모든 삶의 영역처럼 죽음에 대한 정의는——그러나 그것을 삶 그 자체의——두 가지 죽음 사이에 존재하는 삶의 정의로 이해하자마자 또 다른 의미, 보다 섬세하며 보다 일상적인 의미를 지니게 되는 것이다. 기억과 망각에 대한 사정이 그러하다. 망각을 추억의 상실로서 정의하는 것은, 기억 그 자체에 대한 하나의 구성 인자처럼 이해하자마자 다른 의미를 얻게 되는 것이다.

두 쌍――삶과 죽음, 기억과 망각――의 이러한 유사성은 어디에서나 느낄 수 있고 표현되고 있으며, 상징으로까지 나타난다. 많은 사람들에게 그것은 은유적인 차원(일종의 죽음과 같은 망각, 추억으로의 삶)일 뿐 아니라, 기억과 망각에 부여된 역할들을 차례로 요구하는 죽음(또 다른 삶으로서의 죽음이나 삶에 내재되어 있는 것으로서의 죽음)의 개념과 내기를 하는 것이기도 하다. 이를테면 죽음이 내 앞에 있고 나는 언젠가는 반드시 죽을 것임을 명심해야 하는 지금의 경우가 그러하고, 죽음이 내 뒤에 있으며 그것이 자리잡고 있는 과거를 잊지 않고 현재를 살아가야 한다는 또 다른 경우가 그러하다. 그리스도교적 사고인 구원에 대한 개념은 첫번째 경우에 더 많이 속해 있고, 계속해서 이어지는 환생에서 비롯되는 이교도적 사고인 회귀에 대한 개념은 두번째 경우에 더 많이 속해 있다. 말하자면 여기저기에 있는 희망, 하나의 추억이 일상적인 실존에 형상을 부여하는 것이다. 표명하기가 무섭게 이러한 확신은 분명 미묘한 표현의 차이를 보이고 있다. 이를테면 집단적으로 그리고 개인적으로 그리스도교인들은 과거(원죄)를 지니고 있고, 이교도들은 미래에 무관심하지 않다. 따라서 이 두 가지 개념들은 완전히 상충되지 않으며, 우리의 현재는 미래에 대한 불확실감과 추억에 대한 혼동들 사이를 빈번히 왔다갔다하고 있는 것이다.

내가 자주 왕래했던 아프리카의 공동체들은 두번째 경우에 훨씬 더 부합되었는데, 예를 들어 토고[3]와 베냉[4]에서 **부두신**(vodu)[5]들은 가장 흔히 선조들, 그러니까 옛날 사람들로 묘사되고 있다. 그 신들은 그들을 망각하고, 봉헌을 게을리 하며, 그들이 이러이러한 정착 과정을 거쳐 살아남기 위해선 모든 **부두신**들에게는 불가피한 희생적인 행위를 완수하는 데 태만한 사람들을 일단계 징계에 처한다. 왜냐하면 실제로 신은 추억과도 같은 것이기 때문이다. 즉 신은 하나이자 다수이며, 하나의 이름(에비에소, 삭파타)을 지니고 있고, 조금씩 혹은 훨씬 더 잘 알려진 몇몇 신화들 속에서 모습을 보이지만, 닮았으면서도 동시에 다른 추억을 간직하고 있는 똑같은 사건을 체험한 개개인의 사람들과 마찬가지로 그 각각이 특별한 개인사와 연관되어 있는, 그들의 역사를 지닌 무수히 많은 정착 과정 안에서 구체화되는 것이다.

혈통 안에서의 선조들의 귀환이나, 달리 표현하자면 그들의 선조들의 용모에 살아 있는 사람들의 본질적인 소속, 죽은 이들에게 그들의 인생 역정의 모든 단계들을 완수할 수 있도록 해주는 의례들을 정확히 완성할 필요성, 그것은 예상되고 급작스러우며 보복적인 그들의 귀환을 피하기 위한 것에 다름 아니며, 마찬가지로 과거의 현존에 대한 그러한 긴장을 잘 보여 주고 있고, 똑같은 논리의——두번째 경우의 논리의 지배를 받고 있다. 이어서 우리는 어떻게 그 두번째 경우가 첫번째 경우에 질문들을 제기할 수 있는지, 달리 말해서 어떻게 추억이 희망에 물어볼 수 있는지 살펴보고자 한다.

단어들 그 자체를 검토하는 것으로 시작해 보면, 리트레[6]는 망각을 '추억의 상실'로서 정의하고 있다. 이러한 정의는 보이는 것보다 덜 분명하거나——아니면 훨씬 미묘한데, 이를테면 망각하는 것, 그것은 사물 그 자체의 '무조건적인' 사건들, 일어났던 그것들(기호론자의 언어로 '이야기(디에제즈)'[7])이 아니라 추억인 것이다. 추억, 그것이 뜻하는 바는 무엇일까? 리트레(사전으로 돌아가는 것은 유익한데, 왜냐하면 그것은 방금 우리가 말했던 생각하기에서의 함정들을 집계해 놓고 있기 때문이다)에 의하면 추억 그것은 하나의 '인상'인데, 말하자면 '기억으로 머물러 있는' 인상인 것이다. 인상으로 말하자면, 그것은 "외부의 대상들이 감각 기관들에다 만들어 놓는 효과……"이다.

이러한 정의로는 망각한다는 것, 이것은 그 자체만으로도 어느 정도는 내면의 소재, 처리된 사건이며, 따라서 독립적이고 절대적인 외재성이 아니라 망각은 어쩌면 자연스러운 연속일지도 모르는 첫번째 처리(인상)의 산물인 것이다. 분명히 사람들은 모든 걸 다 망각하지는 않는다. 하지만 모든 것을 다 기억하지도 않는다. 기억을 하건 망각을 하건 간에 그것은 선별하고, 쓸데없는 가지를 쳐내는 정원사의 작업을 하는 것이다. 추억들이란 식물들과도 같은 것이니까. 이를테면 다른 식물들이 성장하고 변화해 가며 활짝 꽃을 피우기 위해선 아주 신속하게 가지를 쳐주어야 하는 것들이 있다는 말이다. 그들의 운명을 완수해 가는 그 식물들, 활짝 피어난 그 식물들은 어떻게 보면 스스로 변화하기 위해 자기 자신을 잊은 것일 수도 있다. 이제 그것을 낳은 씨앗이나 꺾꽂이 가지들 및 식물이 되어 버린 것 사이에 눈에 띄는 연관성은 거의 남아 있지 않는 것이다. 그런 의미에서 꽃이란 씨

앗으로부터의 망각이다. ("이제 열매는 꽃의 약속을 넘어섰도다" 하면서 이러한 이야기의 연속선상에 있는 말레르브[8]의 시를 떠올려 보자.)

어쩌면 내가 비교한 것에 대한 합당성에 이의를 제기할 수도 있고, 식물의 변화란 필연적이고 예정되어진 것이며, 식물들은 그들의 운명을 완수하는 것이 아니라 자신의 프로그램을 실현하는 것이니 적어도 애초부터 그것은 사건의 우연성에, 삶의 우연성에 따르게 되어 있는 만큼 추억의 경우와는 다르다고 내게 반박할 수도 있을 것이다. 그렇더라도 다음과 같은 질문을 던져 보자. 우리가 누군가를 잘 알고 있으며, 그가 사랑이나 초상(初喪) 혹은 고통에도 꿋꿋이 견뎌내는 것을 익히 보아 왔다고 했을 때, 우리는 그 사건들을 이른바 거의 리트레 언약인, 그에게 '감명을 줄 만한' 사건들의 유형을 예상할 수 없는 것일까? 그리고 또한 그가 그 사건에 대해 기억하다가 그것을 변형시키고, 어쩌면 그것을 조작하거나 마침내는 필시 망각하게 되어 버릴 방식은 예견할 수 없는 것일까? 그가 거절하고 억압하며 부정하다가, 다시는 그것을 생각지 않을 양으로 구석에다 처박아 둘 그것들에 대해서 말할 수 없는 것일까? 따라서 맨 마지막 형태의 질문은 다음과 같을 것이다. 일정한 개인――다른 모든 사람들처럼 사건과 이야기를 따르는 개인――은 특별하고 특징적인 추억과 망각을 가지고 있지는 않는 것일까? 이렇게 표현을 해볼 수도 있을 것이다. 네가 잊어버리는 걸 말해 봐, 그럼 네가 누구인지 말해 줄게.

아마 그러한 종류의 예견(……에도 불구하고)을 할 만큼 우린 결코 누군가를 충분히 알 수는 없을 것이다. 그러나 문제가 꼭 그 점에 있는 것은 아니다. 우린 모두가 머릿속에서 우리를 따라다니고, 분명 부적절하게 추억들이라 부르고 있으며, 규칙적으로 움직이는 혜성을 따라 우리의 천공 안으로 돌아오는 탓에 도저히 제거해 버릴 수 없는 상당수의 이미지들을——그것들도 우리가 거의 모르고 있는 세계에서 쫓겨난——가지고 있는 것은 아닐까? 사실 이미지들이야 혜성들보다는 훨씬 빈번하게 나타난다. 따라서 그 점에 관한 한 믿음은 가지만 변화무쌍하고, 그 때문에 거추장스럽기조차 한 위성들에 대해 말하는 편이 나을 것이다. 이를테면 이미지들은 나타났다가 사라지고, 우리가 잠들어 있지 않을 때 갑자기 나타나서 기억을 자극하거나 밤을 설치게 한다. 하지만 우리가 그것을 받아들일 욕구가 있고 그에 대해 조금이라도 이야기할 마음이 있으면, 우리도 그것을 기꺼이 냉철하게 관찰할 수 있고 그 그림자들과 색조들을, 돌출 부분들을 탐색할 수 있는 것이다. 단지 그것은 그 불가사의한 궤도의 노선이 따르곤 하는 법칙들을 진정으로 이해하지 않은 채, 이미 그것을 알아 버렸고 관찰했으며 검토해 봤다는 확신을 제외하고는 그 무엇도 얻을 것이 없는 죽어 버린 천체인 것이다.

내가 유년 시절의 추억들에 대해서 말하고 있는 것일까? 그렇기도 하고, 또 그렇지 않기도 하다. 그런 식으로 말해서 천차만별의 현상들을 다시 접하며 가끔은 혼동스럽다는 것을 분명히 밝힌다면 맞는 말이고, 유년 시절의 추억 저편에서 내가 기꺼이 '유치한 짓이라고' 부를, 이를테면 고색(古色)을 얻으려고 땅속에 얼마 동안 묻어 놓은 아프리카의 몇몇 조상(造像)들이 그렇게 부자연스럽듯이, 오래 묵고 망각에 의해 변질된 추억들을 찾는다거나, 그 추억들 이편에서 별 이유 없이 개인의 현재를 맴돌고 있으나 어떤 정확한 시간과 장소라고 늘 지정할 수도 없고, 인정된 추억의 일화(逸話) 안에 삽입되어 있는 자취들을――정신분석학자들이 기억의 자취라고 부르는 그것――들추어 내는 한 맞지 않는 말이 되는 것이다.

때때로 우린 일화나 상세한 이야기들 안에 자리를 얻을 수 있도록 아주 가까운 추억에 옛날의 고색창연함을 부여하고, 그렇게까지 해서 엄격한 연대기에 대하여 일종의 자율성과 독립성을 주는 것에 만족해한다. 기억력이 나쁘다는 것은 우리를 현재에 매달리게 하고, 전망이라는 환상을 주고자 지나치게 가까이 있는 기억을 물리치는 눈속임을 하는 기억이다. 그것은 가장 가까운 추억들에 모호함과 심층을 부여하고 있는 것이다. 퐁탈리스[9]는 그의 최신작, 《샘에서 마시다》에서 다음과 같이 씌어 있는 쉬페르비엘[10]을 인용하고 있다. "기억력 좋다고 자랑하는 당신네들도 다 필요없소! 정확한 날짜 따윈 기억하지 않는 게 난 특히 좋더이다." 타인들에겐 우연이라고 해도 전혀 이상할 것이 없는 기억의 그 미세한 파선은(나쁜 기억, 그것은 보존되고 개발되는 것이니), 시간의 운동을 통해서 불확실함의 베일을 던져 버리는 것이 목적이다. 이를테면 모든 것이 다 옛것이라면, 이제 진실로 옛것은 존재하지 않으며 나쁜 기억, 그것은 새로워진다는 의미이다. 나는 로베르 사바티에[11]의 소설 《피 흘리는 오리》에 나오는 인물이며, "난 중년의 사내요, 하지만 난 그게 뭔지 늘 모르겠습디다……"라고 선언하는, 늙어 가고 있으나 체념하지 않는 지식인이 생각난다.

우리가 유년 시절의 모든 이미지들을, 특히 아주 초기 유년 시절의 이미지들을 죄다 간직해야 한다면, 우리의 기억은 급속히 '포화 상태'가 될 것은 자명한 일이다. 그러나 흥미로운 것은 남아 있게 마련이다. 남아 있는 것——추억이든 자취이든 우리가 그곳으로 돌아가는——은 망각에 의한 침식의 소산인 것이다. 바다에 의해 형성된 해안의 굴곡들처럼, 추억은 망각에 의해서 만들어지는 것이다.

이제 난 은유를 바꿨다. 그러니 감히 말하건대 유성이니 행성이니 하는 것은 접어두고, 대양을 생각해 보기로 하자. 수천 년 동안 대양은 침식시키고 재편하는 작업을 맹목적으로 계속해 왔다. 그 결과(하나의 풍경)는 그것을 읽을 줄 아는 사람들에게 해안의 저항력과 취약성들, 암석들과 흙, 단층들과 단구들로 이루어진 자연에 대해서 반드시 무엇인가를 말해 주게 되어 있는데, 나는 무엇을 알고 있는 것일까…? 당연히 대양의 부력에 대해서도 무엇인가를 말하고 있을 테지만, 그것의 힘과 흐름도 역시 바다 밑의 울퉁불퉁한 지표의 기복에 달려 있는 것이다——육지 풍경의 그 연장 부분 말이다……. 요컨대 그 두 가지 모두는 도태라는 기나긴 작업에 동참해 온 육지와 바다 사이의 결탁에서 나온 그 무엇인 것이며, 그 결과물이 현재의 풍경인 것이다. 바다의 비유가 어느 정도 타당하려면, 브르타뉴의 북쪽 해안이나 중국해(海)에서와 같이 확연히 드러나는 풍경들, 육지의 일부분——작은 섬들, 바위투성이의 퇴적물, 암초들——들이 바다에 널리 퍼져 있는 것 같아서, 오늘날에는 문외한의 눈으로 봐도 파손되어 버린 그것들의 긴밀한 결합을 복구하려는 그들의 집단적 모습에 더 이상 무관심하게 있을 수 없다는 것을 아주 특별히 상기시킬 필요가 있다.

요컨대 망각은 기억의 살아 있는 힘이며, 추억은 그것으로부터 나오는 산물인 것이다.

이렇게 생산된 추억의 특징과 자연에 대해서 이제부터 더 자문해 봐야겠다. 유년 시절의 추억들은 추억들-이미지들과 흡사한데, 우리네 삶의 일상을 때로는 가볍게, 때로는 훨씬 집요하게 따라다니는 유령 같은 존재들, 마찬가지로 꿈속에서 덧없이 재회하게 되는 소멸되어 버린 풍경들이나 얼굴들, 표면상의 무의미함 때문에 깜짝 놀라게 되는 엉뚱하기 그지없는 사소한 것들이 그러하다. 그것은 보다 더 오래된 추억을 찾아 떠나는 기이하고도 실망스러운 경험이다. 왜냐하면 그것의 연대를 추정하고, 자리를 잡아 주며, 그것을 연결지어 주고, 간단히 말해서 추억을 가지고 이야기를 만들려는 시도——혹은 가능하면 또 다른 추억의 도움을 받아서——없이 이미지가 우리에게 저절로 떠오르는 것에 만족스러워하는 일은 드물기 때문이다.

'추억'을 이야기로 만드는 모험을 감행하기가 무섭게 우선은 야릇하고 혼란스러운 인상들에 불과했던 그것의 질서와 명료함을 부여해 주는, 첫번째 이야기나 그것 다음에 오는 이야기들 말고는 더 이상 아무것도 기억하지 않게 되는 위험에 빠지게 되는 것이다. 유년 시절의 추억과 더불어 오는 불편함은 그것을 책임지고 있는 모든 사람들의 이야기에 의해서 곧바로 개편되는 것인데, 그것의 고유한 전설에다 추억을 통합하는 부모님이나 친구들이 그러하다.

그렇더라도 이야기에서 멀어지자마자, 우리가 '추억'이라고 부르는 것을 이야기로 만드는 일을 포기하자마자 어쩌면 기억에서 멀어질지도 모른다. 그리고 자신의 심리분석가와 동료의 입장에서 작업하는 피분석자가 오로지, 혹은 특히 기억하려는 노력에 전념하는지는 분명치 않다. 어쩌면 그가 되살리고자 애쓰거나 어렴풋이 느끼고자 애쓰는 모든 기억을 파악하지 못하고 있는지도 모른다. 어쨌든 퐁탈리스가 우리에게 제시하고 있는 바가 바로 그것이다.

정신분석학적 치료는 우선 프로이트에 의해 검토되었으며, 그것은 심리적이고 사실에 근거를 둔 사건들의 '회상하게 하는 것'으로서의 통행인과 같은 것임을 퐁탈리스는 우리에게 상기시키고 있는 것이다. 그러나 그는 억압이 정말로 추억에 영향을 미친다고 자문하고 있는 것일까? 이 질문에 답변하기 위해서, 그는 우선 정확히 추억이라는 것에 대해서 이렇게 묻고 있다. 프루스트에서와 같이 미각이나 촉각에 의한 인상 덕분에 때로는 치료법에서의 경우처럼 하나의 단어, 하나의 우연, 하나의 '작은 소품'에서부터 변치 않고 고스란히 떠오를 수 있고, 우리의 기억 창고 안에 묻혀 있는 현실인 것일까? 아니면 또 다른 것일까? 퐁탈리스는 다른 것이라고 주장하고 있다. 그리고 그 다른 것을 거론하기 위해서 최초의 고찰에서부터 출발한다. 즉 우리의 모든 추억들은(추억들이 우리의 지속성과 정체성에 대한 확신 안에서 뿌리 내리고 있기 때문에, 우리가 가장 많이 집착하고 있는 것들일지라도) '스크린들'이라는 것이다. 그것들이 보다 오래된 추억들을 감춘다는 의미가 아니라 감추면서 동시에 포함하고 있는 '자취들,' 그들의 백일몽에 빠져 있거나 "어린 시절 방 벽지의 소재, 아침 나절 부모님들 방에서 나던 향기, 재빨리 포착한 표현……" 하면서 자신을 분석하고자 애쓰는 사람들의 의식에 느닷없이 솟아오르는, 보기엔 대수롭지 않은 자취들에 '화면 구실을 하는' 의미로서의 '스크린들'인 것이다. 흔적을 남기거나 낙인을 찍는 것, "그것은 추억이 아니라 자취들, 부재(不在)의 징표들이다"라고 그는 줄곧 이야기하고 있다. 그 자취들은 어떤 의미에선 가능하거나 신빙성이 있는 모든 이야기에서 단절되어 있는데, 말하자면 그것은 추억에서 해방된 것이다.

하지만 하나의 자취, '기억의 자취'란 무엇일까? 이 새로운 질문에 답하기 위해 퐁탈리스는 프로이트를 따라서 답변에 대한 몇 가지 원칙들을 제시하고 있다. 우선 기억은 다수이고, 여러 가지 '기억의 체계들'이 있다고 말한다. 둘째로 억압은 사건, 추억이나 그 자체로서 단절된 자취엔 영향을 미치지 않고 추억들 사이나 자취들 사이의 연관성, 즉 "고속 열차와 폐쇄된 노선이 공존하는 우리의 철도망조차도 퇴색된 이미지만을 제공할 뿐인 연결들"에 영향을 미치고 있다면서 자취의 개념에서 **도면**, 비밀스럽고 무의식적이며 억압된 **도면**의 개념으로 옮겨 가야 한다고 주장한다. 따라서 퐁탈리스는 연결짓는 것, 초현실주의자들이 그 부분에서 시도했던 것처럼 자유롭게 연결짓기보다는 덜 기억해야 한다고 결론을 내리고 있는데, 연결짓는 것이란 이를테면 "흔히 위험한 관련성들인…… 다른 것들을 나타내 보이려고 제자리에 있는, 지정된 연결들을 해체시키는 것"이다.

그 모든 것에서 퐁탈리스는 분석의 방법론과 궁극성에 관련된 몇 가지 의견을 추론할 수 있다. 하지만 이렇게 열려 있는 자취가 귀착되는 장소의 본질은 애매하게 남아 있기 마련인데, 그것은 '그것(ça)'(이름을 붙일 수 없는 것이라서 어림잡아 그렇게 불리는)의 장소, 심리분석가가 때때로 이해한다고 생각하고 민족학자도 그가 신앙인과 그의 '맹목적 숭배의 대상,' 그의 '하느님-대상'과의 관계를 관찰할 때는 감지한다고 여기는 그 문제가 이미 정체성의 문제가 아니라 존재의 문제, 마찬가지로 '나는 누구인가?' 가 아니라 '나는 무엇인가?' 가 문제인 장소라는 것이다.

내가 '퐁탈리스 자취'라고 부를 그것을 이렇게——분명히 속도를 좀 내기는 했어도 끝까지——두루 살펴보고 싶었던 것은, 오로지 여러 개의 민족학적 '자료'들로부터 이제 내가 제자리를 찾아 주고 싶은 문제들의 환경, 상황들을 설정해 주기 위해서이다. 그 '자료들,' 나는 그것을 '결정적인 자료'나 확답으로서 간주하는 것이 아니라 질문들로서, 상황이 그러한지라 그들은 항상 질문하는 것이 아니라 답변하는 입장이라는 것에 비추어서, 정확히 민족학의 대상적 개인들이 일반적으로 표명하지 않는 질문들로서 간주할 것이다. 우리가 이행할 것이라는 의미에서, 그것은 어찌 보면 순서가 뒤바뀐 민족학 훈련이기도 하다.

분명히 답변을 질문으로 바꾸는 사람은 바로 나라고, 그리고 그 마술이 내가 타인의 이름으로 말하도록 허락한 것은 아니라고 지적해 줄 수도 있을 것이다. 문자 그대로 받아들이면, 이러한 반론은 반박할 여지가 없다. 하지만 그 반론은 결국 전망중이고, 어찌 보면 질문 형태의 모습으로 우리에게 되돌아온, 현장

위주의 민족학자들에게 그들의 '정보제공자들'이 어느 날 제공한 답변들로부터 인류학이 발전시킨 여러 개의 테마들이 우리에게는 하나의 의미를 지닐 뿐만 아니라, 우리로서는 중대하고 상세하며 말할 것도 없이 다양한 답변들을 요구한다는 점을 전혀 손상시키지 않는다. 왜냐하면 결국 우리 모두는 같은 기준도, 같은 이야기도, 완전히 똑같은 문화도 가지고 있지 않기 때문이다.

그러니 민족지(民族誌)의 문헌은 시간의 문제에 관해 많이, 어쨌든 우리에게 질문하기엔 충분할 정도로 알려 주고 있다는 점을 제시해 보도록 하자. 그리고 그것은 우리들 각자가 혹은 어느 정도 잠정적인 집단으로 함께 모여서 사용할 수 있는 용도에 관하여, 시간에 대하여, 우리의 시간에 관해서, 그리고 타인들의 시간, 흐르는 시간과 되돌아오는 시간, 소멸되는 시간과 남아 있는 시간, 유보된 시간과 앞으로 다가올 시간에 대하여 우리에게 본질적으로 질문을 하고 있다는 점을 제시해 보자. 그리고 시간과 우리의 관계가 무엇보다도 망각을 통해서 받아들여진다는 것을 인정한다면, 이제 내가 또 다음과 같은 다른 가설을 제안하는 것이 그리 놀라운 일은 못될 것이다. 말하자면 민족학, 기록했거나 재구성한 시간의 현지 이론들, 그럭저럭 민족학이 그러모을 줄 알았던 성찰록과 증언들은 그것이 서술적 덕목(시간을 하나의 이야기로서 체험케 해주는)을 지니고 있으며, 그 자격으로 그것은 폴 리쾨르[12]의 용어로 **시간의 형상들**이라고 말할 수 있는 망각의 형태들을 강조하고 있다는 것이다.

우리의 현실적인 삶, 개인적이고 집단적이며 사적이고 공적인 우리의 일상적인 삶은 이 망각의 형태들과 관련되어 있는데, 우리는 결정적으로 다음과 같은 질문을 제기하기 위해, 우선은 순전히 서술적인 차원을 택하면서 우리에게 그 형태들을 환기해 보고자 한다. 즉 그 간접적이고 실용적인 성찰들, 그 자체로서의 시간보다는 시간의 **사용법**에 더 많은 영향을 끼쳤던, 그 성찰들의 총체로부터 오늘날 우리는 하나의 예지, 하나의 살아가는 예술, 게다가 도의(道義)와 닮은 그 무엇을 끄집어 낼 수 있을까? 만일 우리가 그것을 찾는다면, 답변은 우리에게 무언가를 말할 온전한 기회를 얻게 될 터이니, 비록 그것이 명의 대여인에 의한 것일지라도 질문을 제기할 자들('타인들')이 아니라 그 질문에 대답하고자 애쓸 사람들, 바로 우리 자신들일 것이다.

이야기로서의 삶

 망각의 형태들에 관한 검토에 앞서, 나는 현실과 허구의 이야기를 이어 주는 미묘한 관계들에 대한 몇 가지 단어들을 말하고 싶고——그리고 우리 인문사회과학 전문가들이 습관적으로 논의하는 그 주제의 방식에 관한 몇 가지 의문들에 대해서 설명하고자 한다. 이 방식은 우리의 관점——자민족 중심주의나 자기 중심주의와 혼동되지 않고, 오히려 그 반대가 될 수도 있는——의 일방성을 표명하고 있다. 예를 들어 우린 자신이 민족학자임에도 불구하고 우리가 관찰하는 사람들인 타인들이, 우리가 동참하는 것이 아니라 조사하는 일종의 허구의 이야기를 살고 있다고 여기는 경향이 있는데, 우리가 아프리카로 아마존으로 오세아니아로 떠난 것은 바로 무엇보다도 특별한 장소에서 특별한 허구의 이야기를 조사하기 위해서인 것이다. 그러나 조심해야 한다! 이 허구의 이야기는 이중적이어서 한쪽 면만을 보는 사람은 착각에 빠질 수도 있고, 아무 의미도 없는 것을 이론화시킬 위험의 소지가 있으니까 말이다. 그것은 매우 단순한 의미에서 이중적인데, 이를테면 허구의 이야기란 그 나름대로의 규칙들,

구문론을 가지고 있고, 그날그날에 따라 체험한 극적인 사건들·문제들·이야기들로 구체화되는데, 설령 사건들이 전개되는 그 안에서 규칙과 구문 구성법에 대한 무언가를 찾아낼 수 있는 가능성이 크다고 해도(관행의 또 다른 규칙인 예외적인 것들과 위반들에도 불구하고), 십중팔구는 구문론에 따라서 그럭저럭 그것을 준수하는 이야기의 무궁무진한 다양성을 결코 추론할 수 없을 것이다. 오해의 소지가 싹트는 것이 바로 그 점이다. 클리퍼드 거츠[13] 같은 인류학자의 분석들은 폴 리쾨르[14]에게는 상당히 귀가 솔깃해지는 것이었다. 그 분석들은 사실상 일정한 문화적 환경 안에서 관행을 명령하는 상징적 매개물들의 풍요로움을 강조하고 있었기 때문이다. 그러니까 리쾨르가 매료당한 것은 민족학이 관행의 영역에 내재되어 있는 상징성의 특별하게 명료한 예들을 그에게 제공해 줄 것 같았기 때문인데, 그 관행의 영역은 그것으로 만들어지거나 영감을 얻을 수도 있는 서술성을 조장하고 요구한다. 말하자면 행위가 이야기될 수 있는 것은, "그것이 기호들·규칙들·규범들에 따라서 이미 분명히 말해졌기 때문인" 것이다.

여기까지는 특별할 것이 전혀 없다. 클리퍼드 거츠는 끊임없이 상호 작용하는 상징들의 체계로서 문화를 이야기하고 있는 것이니까 말이다. 그리고 폴 리쾨르는 그가 **미메시스 I**이라고 명명한 것에 자신의 고유한 정의를 내리기 위한 근거를 이같은 정의 안에서 발견하는 것이다. 말하자면 행위(**미메시스 II**에 속해 있는 것)를 재현하거나 모방하기 위해선 "인간을 행동하게끔 만드는 것이 그의 의미론, 그의 상징 체계, 그의 시간성으로부터 비롯된다는 점을 먼저 깨달아야" 한다는 것이다. 사실 문학은 "그것이 인간의 행위로서 이미 보여진 것을 형상화하는 데 이르지 않았던들 영원히 불가사의한 것으로 남아 있을" 것이다.

그렇다면 오해의 소지는 어디에 있는 것일까? 내가 보기엔 그 두 사람 양쪽에서 오는 것 같다. 하나의 텍스트처럼 문화를 이야기하면서 오히려 하나의 구문론(소재 혹은 맥락)을 서술하고 있는 거츠 쪽과, 그리고 **미메시스 II**에 앞서서 **미메시스 I**을 만들면서도 삶은 오로지 한 편의 허구적 이야기처럼 씌어지는 것이 아니라 살아질 수도 있다는 것을, **미메시스 I**과 **미메시스 II**는 어떤 면에선 서로가 서로를 전제할 수도 있다는 것을 거부하는 듯이 보이는 리쾨르 쪽 모두에게 말이다.

거츠는 상징 체계에, 그리고 리쾨르는 문학에 관심을 가지고 있다는 것을 잘 알고 있지만, 그러면서도 그들은 그들이 해석학적으로 분석하기 원하는 '관행의 영역'에서 무엇인가를 잊고 있거나 등한시하고 있다. 리쾨르는 고유의 해설적인 방식에서 '포괄적'이거나 상징주의 인류학에 이르는 진행을 매우 탁월하게 서술하고 있다. 하나의 상징적인 체계(하나의 문화라고 이해하자)는 '특별한 행위들을 위한 **서술의 배경**'을 제공한다. 상징적인 합의에 따라 하나의 몸짓, 하나의 태도는 이러이러한 방식으로 이해될 수 있을 것이다. 그것은 상징들이 그 나름대로 해석될 수 있는 행위의 내부적 설명에 씌어지기 때문인데, 그렇게 해서 상징 체계는 행위에 **해석 가능성**을 부여하는 것이다. 그러나 '상징적 매개물들'에 관하여 리쾨르는 텍스트(texte)가 아니라 정확히 **짜임새**(texture)에 관해 이야기하고, 동시에 행위의 '짜임새'는 "학문 자체의 고유한 기탁물이며, 결과적으로 하나의 문화가 그 자체로 이해되어지는 범주들과 뒤섞일 수도 있다는 법률학 원칙을 따른 개념으로서" 민족학자가 **서술하고 있는** 텍스트와 동일시할 수 없다는 점을 지적하고 있는 것이다. 그럼에도 불구하고 이어서 그는 행위에 내부적 해석항 구실을 하는 상징들이 "이러한 행동은 해석될 수 있다는 것에 따라 의미의 규칙들을 제공하는" 한, '거의 텍스트에 가까운 것(quasi-texte)'처럼 행위 그 자체에 대해 분명히 언급할 수 있노라고 덧붙이고 있다. (이번에는 외부에서 해석된 것으로 이해하자——민족학자에 의해서.)

그렇다고 해도 역시 이 '거의 텍스트에 가까운 것'은 고유한 의미에서의 텍스트보다는 사전——리쾨르 자신이 쓴 '목록'——과 더 많이 흡사하다. 좀더 정확히 말해서 어쨌든 민족학자가 관찰한 행동들이 결국 문화만을 이야기한 것밖에 아닌 게 된 그런 텍스트인 것이다. 다시 말하면 사회, 문화, 그리고 개인들 사이에 존재하는 완전하고 상호적인 투명성에서 출발한 이러한 최고도 문화주의자의 가정은, 오늘날 어느 누구에게서도 물론 거츠에 의해서도 지지받을 수 없겠지만, 감히 문자 그대로 말한다면 노획된 텍스트와도 같은 문화 이론엔 그것만이 유일한 일관성을 부여하고 있다.

이제 잠시 폴 리쾨르와, 그리고 아주 간략하게나마 전체적인 구조를 상기시킬 세 개의 **미메시스**에 대한 개요를 다시 언급하기로 하자. **미메시스 I**, 그것은 말하자면 '자발적인-미메시스'로서 주어진 세계의 내부에 가능하고 생각할 수 있는 행위를 재현하는 다양한 상징적인 매개체들이고, **미메시스 II**는 줄거리로 구성하고 이야기로 만드는 세계로서 세계를 역사적인 이야기나 **허구**로 지어진 이야기들로 변화시키는 '서술적인 형상들'이며, **미메시스 III**은 "청취자 혹은 독자의 세계와 텍스트의 세계에 대한 상호 작용"인 것이다. 이제 나는 다소 이른 감이 없지 않게 주지시켰던 난점들에 대해 좀더 길게 논의코자 하는데, 민족학자이든 아니든, 심리학자이든 아니든, 해석학자이든 아니든 간에 우리가 매일마다 증언하고 있고 살고 있는 현실의 삶이라는 게, 우리들이 서로가 서로에게 적든 많든 수단껏 그리고 자신 있게 말하는("이봐, 믿기 어렵겠지만 말이야, 아주 유능한 가정부를 두게 됐지 뭔가……") 공적인 영역이나 사적인 영역을 포함하는 사건들, 줄거리, 이야기들로 뒤얽혀 있는 모양새를 하고 있는 것은 아닌가 하는 점이다. 상징주의자 유형의 분석은 결코 이러한 복합성과 이러한 움직임을 철저히 고찰한다든가 근접시킬 수조차도 없을 것이다. 한편 리쾨르가 **미메시스 I**에서 **미메시스 II**로, 사회적 삶에서 문학적 이야기로 변환하도록 해주는 줄거리 구성 작업을 규정하고 있는 그 모든 특성들은 체험된 삶에서 나온 시나리오에도 잘 적용될 터인데, 한편으로는 줄곧 그것을 살아가는 사람들 편에선 즉흥적인 이야기들의, 그것을 관찰하고 해설하는 사람들 편에선 보다 심사숙고하여 구상한 이야기들(텔레비전 르포물이나 신문 기사들)의 대상인 셈이다. 리쾨르는 이를 철저히 인식하고 있으며, 더 나아가서 행위에 대한 이해라는 개념망과 상징적 매개물들을 탐색하는 데 그치는 것이 아니라, "서술이라 불리는 시간의 구조들을 행위로 받아들일 때까지" 나아간다는 점을 지적하고 있다. 그러나 그의 목표는 그 자체로서의 이야기, 더 나아가서 그 이야기 안에서 시간의 위상·역할·유희인데, 그러한 관점 때문에 그에겐 어떻게 해서 인간의 시간이 문학적 이야기 안에서 형성되거나 나타났는가를 검토해 보는 일이 그 반대의 과정을 수행하는 일보다 훨씬 흥미로운 것이다. 그가 몇 가지 섬세한 수정을 가하면서도 원래의 생각(그가 보기엔 역사가들은 꾸며낸 이야기들을 서술하므로 유난히 매력적이다!)만을 고수하는 거츠에게 기준에 대해 길게 논의하지 않은 이유가 거기에 있는 것 같다. 그리고 또 "우리한테 일어나는 이야기들이거나 우리가 인용한 이야기들, 혹은 아주 단순히 어떠한 삶의 이야기를 말하는 우리의 일상적인 태도가 그것을 시사하듯이, 시간의 경험에서 오는 전(前)서술적 구조에 대해 말할 자격이 있게 될 때까지는" 그가 행위의 시간적 특성에 대한 분석을 추진하지 않는 이유가 내게는 바로 거기에 있는 것처럼 보인다.

여기서 민족학자나 철학자의 관점의 일방성이 아주 분명해지는데, 만일 우리가 타자들을 일종의 허구적 이야기(이상야릇한 인물들이 다양하게 개입된다는 점을 잊지 말자. 이를테면 신(神)들, 정령들, 마법사들 같은 것 말이다……)를 살고 있는 사람으로서 정의한다면, 그렇게 함으로써 우리는 기껏해야 타인들의 이야기에 끌려다니지 않고 어떤 역할을 강요당하지 않게 주의를 기울이는, 객관적인 관찰자로 자신을 정의하는 것이 되는 것이다. 그러면서도 우리는 우리 자신이 살고 있는 허구적 이야기는 염두에 두지 않는다. 만일 우리가 이야기 연구에 전념한다면 연구의 양상들과 이야기를 통한 삶의 경영에 대한 양상들을 분석하는 것에서부터 어떤 관점을 우선하게 되겠지만, 개인적이고 또 집단적인 삶 자체가 넓은 의미에서의 허구적 이야기처럼(역사가들의 '사실'이라고 일컬어지는 이야기의 진실과 반의어로서의 허구적 이야기가 아니라, 일정한 형식적인 규칙들을 따르는 서술·시나리오로서의 허구적 이야기) 구성되는 양상들을 단호히 무시하게 될 것이다. 따라서 개인적이고 집단적인 삶을 '허구적 이야기'로 만드는 주된 실행자는 망각인 것이다. 그리고 이제 내가 연구해 보고자 하는 것──연구하는 것이든, 적어도 조심스럽게 접근해 보는 것이든──그것들은 망각의 양상들, 즉 이야기를 살고 있는 사람들이 동시에 그것을 체험하고 있다고 스스로 이야기하는 그런 유의 이야기로 만들기 위해서 삶 자체 안에다 시간을 '형상화하는' 연출들과 실행들인 것이다.

신중에 신중을 기울였음에도 불구하고 '허구'라는 단어는 여전히 불편하다. 특히 리쾨르가 지적하듯 그것이 '서술적인 형태들'이라는 넓은 의미나 '사실'이 아닌 이야기라는 좁은 의미로 씌어질 수 있을 뿐만 아니라, 오늘날 우리가 점점 더 이미지들과 허구에, 그것도 이번에는 이름을 댈 수 있는 작가가 부재(不在)하는 그런 허구에 의해 잠식된 세계에 살고 있기 때문이다. 오디오 비주얼 영역에서 작가의 범주란 오래 전부터 분명해졌고, 동시에 다양해졌으며, 또 축소되어 왔다. (예를 들면 각양각색으로 창작 활동에 매우 직접적으로 참여하는 이들을 도매금으로 언급하지 않기 위해, 시나리오 작가와 영화 감독을 구별짓고 있는 것이다.) 그러나 그러한 현상은 강화되었고, '제작물'(영상이나 문학적인, 왜냐하면 오디오 비주얼 매체는 제작에 대한 신기술 독

점권이 없으므로)은 종종 재능을 겸비하고(그것은 별개의 문제이다) 확실한 비법을 가졌거나 다른 방법들을 실험해 보는 작업팀들이 시리즈로 제작하고 난 이후부터는 그 성격이 달라졌다. 거기에서 흔히 써먹은 온갖 종류의 연속극 시리즈물을 재조합하기까지는 거의 차이가 없는 셈이다. 나는 여기서 작가의 개념에 대해 길게 늘어놓을 생각은 없고, 단지 이미지의 증대, 광고와 관광 사업의 비약적 발전, 지리적 공간의 가상화가 오늘날 허구라는 표현의 사용을 훨씬 더 어렵게 만들고 있다는 점을 제시하고 싶은 것인데——왜냐하면 리쾨르의 '서술적 형태들'에만 허용되기는커녕 '사실'이든 아니든, 역사적이든 소설적이든 우리들 각자가 나름대로 이미지를 통해서 타인들, 세계, 그리고 역사와 맺고 있는 관계에 매일같이 더욱더 깊숙이 관련될 우려가 있기 때문이다.

그렇긴 해도 내가 나름대로 생각하고 있는 '허구'와 '허구화하기'는 우리를 위협하는 '완전히 허구적인 것'과는 정반대이다. 즉 그것은 리쾨르가 언급하고 있고, 또 단지 내가 현실 세계를 '모방한' 이야기를 공들여 완성하는 그 잠재적인 역할 이전에, 그것이 현실 세계 자체를 순간적이고 통시적이며 극적인 형태로 만든다는 것을 제시코자 하는 '전(前)서술적인 구조'와 훨씬 더 일맥상통한다.

민족학자는 어느 정도 푸아티에에서의 장 2세('선량왕'이라고도 불린다)[15]와도 같은데, 말하자면 그는 사방팔방으로 경계할 필요가 있는 것이다. 나의 민족학적 초자아, 이를테면 나의 가장 사려 깊은 동료들 때문에 눈살을 찌푸린다고 생각했고, 내 마음대로 처분할 수 있는 민족지의 자료들에서 자취와 예증을 찾기 위해, 나는 방금 전서술적인 구조에 대해 언급했다. 만일 내가 타인들이 허구적 세계에서 산다고, 게다가 그들의 허구적 세계에서 살고 있다고 주장한다면, 바타유[16]가 말했듯이 내가 내 눈으로 보는 것을 옮겨 적으면서 '기록'을 공들여 작성한다고 주장하는 이상, 당연히 그러한 허구에서 벗어나 있고 모든 허구에서도 벗어나 있다고 스스로를 설정하면서, 요하네스 파비안[17]이 정확히 제시했으며 모든 인류학적 문헌이 그 자취를 담고 있는 관찰자와 피관찰자의, 민족학자와 정보제공자의 비(非)동시성을 나는 여전히 강조하고 있지 않는 것일까? 요컨대 나는 민족지의 허구적 이야기를 재현하고 발전시키는 데 기여하고 있지 않는 것일까?

전통 민족지(民族誌)를 조사하는 과정에서 사실 조사원들과 피조사원들은 같은 시간을 공유하지 않는데, 문자 그대로 그들은 동시대인들이 아닌 것이다. 조사원은 어느 정도 장기적인(기사들, 서책……) 계획과 한 명의 참석자――조사의 시기 자체를 구성하는 계획에 잠정적으로 도움을 주는 그런 참석자가 있다. 피조사원은 그가 궤도에 올려 놓는 데 기여하는 계획을 착수하는 과정에서 그의 역할이 어떠하든, 그로서는 최선의 경우라야 단지 막연한 생각이 있을 뿐이다. 조사원과 그의 정보제공자가 함께 저녁 식사를 한다거나 위협적인 폭풍우 때문에 불안해할 때, 그들은 똑같은 체험〔시간〕에 진입하는 것이고, 이러한 동시성은 음식물을 분담하고 관심사를 공유하는 운명에 비길 만하다. 그런데 그들이 '작업'에 착수하자마자 사정은 달라진다. 민족학자는 그의 정보제공자를 총체적이고 집단적인(과거, 신화들, 제도들, 집단 어휘를 총괄하는) 기억의 수탁자(受託者)로서 취급하는 것 같은데, 그러나 완벽함으로 무장한 이 허울뿐인 이상형은 하나의 환상이다. 즉 전자가 전달받으려고 애쓰는 것, 그것은 그에게 구상안들을 주거나 그가 알고 있고 예시하며 보충하거나 검토한다고 간주했던 텍스트들과 이론들—— 현행의 민족학 ——에서 나온 기존의 자료집에 항상 준거하여, 그가 이미 가지고 있는 구상들을 보충할 가능성이 있는 징후들인 것이다. 반면에 후자가 몇몇 골동품들이나 몇몇 전문가들의 도움으로 전자에게 제공한다고 믿는 것, 그것은 그가 보기에는 그의 집단의 이야기——경우에 따라선 민족학자가 차후에 글로써 이 '이야기'는 가까운 가계의 기억에서 유래한 것이고, 선조들과 기원에 관한 전설적인 환기 속으로 순식간에 전환된다고 지적하게 될 것임에 반해서——이며, 단 한번도 진정으로 오해가 명확히 밝혀지지 않은 채 민족학자가 그 용어에 관해 자문할 것을 각오하고, 거기서 오히려 '신앙들'을 보는 데 비해서 그가 보기엔 인식의 진정한 본체, 오래된 지식과 효과적인 힘의 발현을 구성하고 있는 현지의 몇몇 이론 체계들(질병, 사람, 입문 의식에 관한)인 것이다. 예를 들어 시골 주민들이 입문 과정 의식의 최후 '비밀'을, 그것에 관심은 없지만 그들에게 이해와 유감을 정중히 표현하는 민족학자에게 누설할 수 없노라고 사과할 때 다소의 분쟁이 발생할 경우가 그것을 증언하고 있다. 정보제공자가 보기에 민족학자는 항상 효력 있는 옛 지식의 증인인 데 반해서, 정보제공자의 자료들은 민족학자에게 그것으로 하나의 지식을 만들어 줄 재구상의 최초의 소재를 설정해 주는 것이다. 게다가 조사 기간 동안 그 두 사람 모두가 매일 더 확산돼 가는 현실적인 문제로 인해 발생하는 풍문이나 잡음들은 빼놓고 생각하게 되는 것이다.

그러나 타인들의 허구적 이야기는 우리가 모두 허구적 이야기를 살고 있다는 인식을 갖게 되는 순간부터 그 의미가 달라진다. 만일 내가 '관점의 일방성'을 버린다면, 타인들이 '허구적 이야기' 안에서——모호함을 피하기 위해 '서술적인 것' 안에서라고 말하자——살고 있다는 사실은 나도 역시 허구적인 것과 서술적인 것 안에 살고 있으므로 오히려 그것들이 내게 다가오도록 해주고, 내가 그것에 다가가도록 해주는 데 기여할 것처럼 보여진다. 내 생각에는 사실 그들이 내게 제기하는 질문들과 요구하는 범주의 변화를 통해서, 나의 체험을 그들의 것처럼 모든 실존의 서술적 차원에 관해서 인식할 수 있도록 도와 주고, 이러한 자각이 나의 시간과는 본질적으로 다른 시간('신화적인' 혹은 '마술적인')에 허구성을 부여하는 일을 결정적으로 금지시키는 것이다. 분명히 우리의 허구적 이야기들은 차이가 있지만 보편적인 규칙을 가지고 있다. 즉 개인의 어떠한 허구적 이야기도 또 다른 개인(각자가 자신의 과거와 기대를 가지고 있는)과 엄격하게 동시대적이지 않으며, 그런 점에서 설문 조사를 통해서 추론된 차이점들과 문화는 정도의 문제이지 본질의 문제는 아니라는 것이다.

우리가 한꺼번에 여러 이야기를 살고 있다고 한들, 그것에 대해 어떤 의심을 품겠는가? 그 각각의 이야기들에서 우리는 서로 다른 역을 맡은 것이고, 거기서 항상 좋은 역을 맡지 않는다는 걸 잘 알고 있다. 게다가 그 이야기들 가운데 어떤 것들은 다른 것들보다 훨씬 은밀하며, 우리에게는 보다 개인적이라는 걸 잘 알고 있다. 우리는 늘 우리가 살고 있는 배역에 이야기를 맞추려고 그것을 개편하거나, 새롭게 해석하고자 하는 욕망에 항상 저항하지는 않는다. 때때로 이야기들은 우리에게 일기를, 이를테면 하나의 진정한 텍스트, 우리가 아직 채우지 않은 흰 페이지들을, 좋은 것이든 나쁜 것이든 놀라운 것들을, 우리한테 남겨둘 수 있는 것 모두를 헤아리면서 매일매일 조절해 갈 수 있는 하나의 이야기를 쓰고픈 욕망을 불러일으키기조차 하는 것이다. 쓰든 쓰지 않든 그 두 경우에 있어서, 그 이야기들은 항상(그것들이 '이야기의 구성,' '상상력의 산물들,' 여타 증인들의 웃음을 자아낼 수 있는 '과장된 표현들'은 아닐지라도) 기억과 망각에서, 과거의 해석에 관한 미래의 기대에 의해 단련된 긴장이라고 표현하는 구성과 재구성의 작업에서 나온 결실인 것이다.

  게다가 그 이야기들에 관한 한 우리는 저자이기도 하고 저자가 아니기도 한데, 왜냐하면 우리는 이따금씩 타인의 텍스트에 갇혀 있거나, 그것에 개입할 수도 없이 전개되어 가는 것을 좇아가거나 받아들여야 하는 느낌이 들기 때문이다. 타인의 이야기에 몰입하는 상태에서는 대상과 환경에 대해 사랑·질투·분노 혹은 연민 같은 감정의 관계를 가질 수 있다. 그러나 아주 흔히 몰입 상태는 이야기 중 상이한 두 가지 차원 사이에서 이루어지는 만남인 것인데, 이렇게 해서 개인의 이야기는 예를 들어 선전 포고가 원인이 되어 큰 이야기(la grande histoire)로 되어 버리는 탓으로 균형을 잃고 쓰러질 수도(심지어 죽음 속에서 쓰러질 수도) 있다. 물론 개인적인 차원과 역사적인 차원 사이에는(만들어지고 말해지는 중인 큰 이야기의 차원) 중재의 차원들이 있는데, 이를테면 가족에 대한 이야기들, 직업적인 이야기들, 소식들, 각양각색의 사건들, 정치, 스포츠 등이 그것이다. 그 이야기들은 '우리의' 후보자가 선거에서 당선되었고, 어떤 축구팀이 대회에서 승리했으며, 어느 나라 공주가 죽었기 때문에 우리를 흥분시키고, 거리에서 우리의 기쁨과 고통을 울부짖을 만큼 충분히 강렬할 수 있는 것이다. 나는 그 이야기들을 동일한 차원에 놓지 않으며, 단지 그 이야기들 하나하나가 우리와 관련된 이야기 안에 포함된다는 점을 강조하는 것이다. 왜냐하면 그것은 사건들에 대한 우리의 판본(版本)을 구성하고 있고, 수천 혹은 수백만의 여타 개인들이 그들이 공들여 완성하는 판본에서 자신의 위치를 가지고 있듯이, 극히 사소하거나 몹시 수동적이든 간에 우리도 그곳에 우리의 위치를 가지고 있기 때문이며——또한 그 관점에선 거의 중요하지 않은 그 모든 판본들이 공식적인 언술들이나 미디어들에 의해 영향을 받고, 만들어지며, 때로는 거의 결정되기 때문이다.

판본들은 다수 개개인들의 극도로 다양한 풍부함을 함축하고 있기 때문에, 그 이야기들은 예전에 아프리카에서 영국인 인류학자들이 분석한 논리의 유형에서 나온 단편적인 논리에 따라 정돈될 수 있을 것이다. 이를테면 어떤 사회적 계층(혈족과 관련된)과 구별되는 부분들은 사회 활동의 다른 계층(혈족이란 혈족의 부분들을 재편성하고, 여타의 혈족들과 구별되는)과 융합되고,

그러한 계층에 있는 고차원의 동질성(혈족은 혈족의 부분들을 재편성하고, 그래서 다른 혈족들과 구별되는)들을 정의하기 위해 또 다른 차원으로 결합하는 것 말이다. 하나의 이야기가 오직 한 사람의 개인과 연루될 수도 있다. 열정이란 때때로 혼자서 맹목적으로 체험하는 것인데, 이를테면 그럴 목적으로 그것은 타인들과 모든 타인들, 그리고 때론 그것을 공유하지 못할 땐 열정의 대상조차와도 소원해지는 것이다. 스탕달[18]이 그의 《로마 산책》에서 고대 로마인들의 노래들과 그들의 멜랑콜리에 대해 다음과 같이 말한 것에 귀 기울여 보자. "나를 감동시키는 것이란, 그것을 불편해하는 타인에겐 너무도 결핍되어 있는 지극히 오묘하고 꿈꾸는 듯한 열정이 스며 있는 음악이다. 열정에 휩싸인 사내에게 타인이 무슨 상관이 있겠는가? 그는 당연히 정부(情婦)의 부정과 자기 자신의 절망만을 볼 뿐이다." 그의 불행으로 빚어진 이야기가 아닌 모든 것에 눈멀고 귀멀어 열정에 빠진 그 사람이 공유하는, 보다 집단적이고 단일화된 혹은 최소한 서로 얽혀 있거나, 경우에 따라선 공동의 달력(계절들, 개회식 날들, 폐회식 날들, 기념일들, 준예배식 날들을 기입해 놓은 그리스도교도들의 달력과 시간-기상 달력에서 순환적인 특성을 재현해 놓은 스포츠 달력처럼)에 의해 조직화된 다른 이야기들에 연루되다 보면 그의 정신과 자유로움을 되찾을 것이라고 희망할 수 있을 것이다. 축구 애호가는 선수권 대회 이야기에서 새로운 전개와 예기치 못한 에피소드들을 기대하면서 살고 있다. 그가 이러한 기대 속에서 **살고 있다**고 말할 때, 난 그것을 강렬한 의미로서 받아들이는 것이다. 말하자면 그러한 모험은 그의 삶의 일부를 이루고 있으며, 또한 그것은 본질적으로 자기 자신, 혹은 타인들에게서 만들어진 이야기로서 존재하는 것인데——물론 축구 애호가가, 예를 들어 그의 가족·직업 혹은 정치에 무관심한 정도로 별개의 이야기로서 살고 있지는 않다는 것을 의미하지는 않는다. 그 모든 '중개적인'(개인의 영역에 속하는 것과 큰 공동체와 관련된 것 사이의 중개적인) 이야기들은 하나의 공통점을 가지고 있는데, 바로 그것들과 연관된 사람들(축구 애호가들, 사무실의 동료들, 정당의 투사들)을 열광시키며, 그것들과 연루되지 않는—— '관련'을 정의하는 저자-인물의 관계가 그들과 상관 없는 사람들에게는 철저하게 무관심하다. "있잖아, 그 이야기 전부 말이야, 난 도통 모르겠더라고…!" 하며 말하듯, 청각과 시선의 외면성은 그러한 영역들에선 전적이고도 절대적이라 할 수 있다. 바로 다른 언어, 다른 말씨, 다른 이야기와도 같은 것이다. 반면에 그런 식으로 전개되거나 불가항력의 사건, 집단적인 위협이나 공동체에 관한 중대한 질문은 관련성의 격(格)을 엄청나게——그리고 관련된 저자들-인물들의 집단적 정체성의 수준을 당연한 결과로서 높일 수 있다.

단편적인 표본의 기계적인 논리는(사회학적으로 종종 논란의 소지가 있는, 혈족과 부족 공동체 묘사의 도구였던 적이 한번도 없었던) 한편으로는 내가 이제 막 개괄적으로 그린 이야기 수준들의 맥락과 꼭 들어맞지도 않는다. 왜냐하면 이야기의 각 수준에서 저자-인물은 동시에 개인적으로, 또 집단적으로 연관되어 있기 때문이다. 말하자면 그가 동참하고 있는 이야기들의 다원성이 그 이야기들 각각에 영향을 미치고(방금 해직당할지도 모른다는 사실을 알고 나선 예전과 똑같이 신나게 축구 시합을 볼 수는 없다), 또 게다가 그의 삶의 이야기는 중복되는 이야기들로 만들어진 것이 아니라 독창적이고 개인 특유의 특징들을 가로지르는 것인데, 즉 그것은 집단적으로 관련되어 있는 것이다. 왜냐하면 그의 인생 역정이 아무리 고독하더라도 그는 적어도 후회나 향수의 형태로서 타인의 존재에 사로잡히며, 그렇기 때문에 다르긴 하지만 언제나 눈에 띄는 방식으로 타인이나 타인들의 존재는, 다원적인 혹은 집단적인 이야기의 가장 일괄된 차원에 있는 개별적인 개인의 존재만큼이나 가장 내면적인 이야기의 차원에서 확실해지기 때문이다. 어쩌면 그것은 한 개인이 이따금씩 그의 존재를 되돌아보고, 그의 삶을 이야기하며, 그것에 하나의 일관성을 부여할 필요를 깨닫는 모든 유형의 이야기들(고백, 속내 이야기, 술자리에서의 이야기, 증인식)에서 표면화되는 그 두 가지 현존 사이에서 오가는 리턴 운동, 다시 말해서 리쾨르가 언급한 아우구스티누스의 용어들을 반복하자면 기대와 주의력·기억 가운데서 분할된 영혼의 '**이완**'과 '**긴장**' 사이의, 혹은 아주 단순히 개별적인 시간들의 **불협화음**과 여러 개의 목소리를 지닌 이야기들 안에서 그것의 화해를 기다려 온 **화음** 사이의 유희인 것이다.

그런데 낯선 집단과 갑작스럽게 부딪히면서 민족학자가 비교해 보게 되는 것은 우선 그러한 유형의 이야기들, 그가 언어학적으로(적어도 초기엔 아주 빈번하게 통역인의 도움을 받아서) 귀 기울이려 하고, 그 다음엔 일반적이고도 집단적인 문제들을 유발하는 특별하고 기이한 담론들을 그것의 이중적 차원에서 이해코자 하는 다양한 연관성에 속해 있는 이야기들인 것이다. 그런 측면에서 그 어떠한 환경에도 낯선 신참자에게, 병에 걸린 어느 아프리카인 촌부가 자기가 친지들의 사주의 대상이 되었다고 여기고 있는 일련의 발병들, 그가 도움을 받은 처방 목록, 진찰을 받았던 치료사들, 경우에 따라선 그에게 진단의 가치가 있는 몽환적인 에피소드들에 대해 회고하는 것을 듣는 일이 기업체의 젊은 간부가 자신의 부하 직원들과 직계 상사들과의 불편한 관계들이나 인생 전략, 야심만만한 사업가로서의 사기를 유지하기 위해 그가 받았던 연수들, 그리고 경영진이 설치한 새로운 기구 편성표 등에 대해 묘사하는 이야기들을 좇아가는 것보다 더 어려운 일이라고는 생각지 않는다. 난 그것들의 신빙성(그것들이 포함되어 있는 어느 정도의 합리적인 전후 관계나 그것의 실질적인 효율성)의 관점에 대한 그 진술들을 비교할 생각이 아니라, 개인적인 이야기와 집단적인 지시 대상이 동시에 걸려 있는 이야기 안에서 명확하게 진술된 현실에 대한 분석에 그 두 가지 모두가 관련되어 있다는 것을 일깨워 줄 생각이다. 일반적인 경우 극히 생소하긴 하지만 그와 관계가 있는 동기가 되는 '서술들,' '허구적 이야기들'을 관찰자가 기술한다는 것에 대해서 나는 어떤 불합리한 점도 알지 못한다. '참여 관찰적인 민족학'이라는 표현은 다른 의미를 지니지 않으며, 타인들과 그 어떤 종류의 신비주의적인 합일도 전제하지 않는다. 우린 한 개인이나 한 집단의 동기로 그것들과 합류하지 않고도 참여할 수 있는데, '주술' 행위들에 대하여 에번스 프리처드[19]가 아잔데족[20] 대화자들의 용어들 가운데서 추론하기에 이르렀노라고 고백했을 때, 그는 특별한 문법과 수사학과의 친숙함, 그리고 그것들을 적용했던 이야기들을 이해하고 있다는 것을 나타내는 것 외엔 아무 할 일이 없었던 것이다.

물론 타인들의 이야기들을 기술하고 그들의 '허구적 이야기'에 '참여하는' 행위는, 그들의 고유한 '허구적 이야기들'에 대해서나 관찰자의 삶에 대해서 영향력이 없지는 않다고 추정할 수도 있다. 모든 사람들의 이야기들은 서로 영향을 미치지 않거나, 좀더 구체적으로 서로 새롭게 형태를 만들지 않고는 공존할 수 없으니까 말이다. 사실은 이야기의 대상이었던 사람들도, 그것을 촉발시켰던 이런저런 것도 결코 누락되지 않는 민족학적 조사인 것이다. 이를테면 그들은 그후 더 이상 이전과 완전히 같은 삶을 영위할 수 없을 테고, 좀더 정확히 말하면 그들이 앞으로 살아갈 것이고 이야기했을 모든 것이 어쨌든 이러한 기회를 통해서 표출되는 이야기들의 다원성을 통합할 터이기 때문이다. 적어도 그러한 결과들의 하나가 개인적 차원에서나 집단적 차원에서 새로운 이야기들이 만들어지고 있다는 것과, 장기적으로는 그것들이 예전에 식민 지배를 받았던 사람들과 마찬가지로 예전 지배자들의 삶과 이야기들을 변화시킬지도 모른다는 것을 이제서야 깨닫기 시작한(각양각색의 인종차별주의자들이 가장 두려워하는 것이지만) 공동체들 사이의 갈등적인 만남들——식민지화 현상들——이라는 점은 확실하다. 이렇게 해서 예술의 역사, 특히 음악의 역사는 틀림없이 인류의 역사에서 그 전례가 없는 영향을 받아 세계적인 수준에 이르게 된 것이다.

이야기되고 있는 중의 삶들(연속되는 의식을 따라 이야기하며 살아가는 삶——이야기——자신의 삶을 타인들에게도 이야기 해주고 '그들의 삶을 살아가는' 이들을 옳다고 여기는)의 형상화 속에서 망각의 역할에 대한 질문을 다루기 전에 나는 허구에 대한 개념을 재검토하든지, 보다 정확히 말하면 내가 이제 막 간략하게 언급한 존재의 서술적인 차원, 즉 말의 가장 일상적인 의미에서의 이야기들(이야기되거나 씌어진 이야기들)과 자연의 기원들, 인류의 탄생이나 국가들의 건설에 영향을 미친 신화들인 최초의 '큰 이야기들'을 그것이 사라지기 전에 모방하는 듯 보이는 미래에 관한 현대의 신화들, 즉 '큰 이야기들'에 관하여 장 프랑수아 리오타르[21]가 언급했던 이야기들의 그 특별한 범주 사이의 관계에 대해 자문하고 싶다.

우선은 하나의 역설이기도 한 기록인데, 즉 허구적 이야기를 통해서 신화로부터 빠져 나온다는 것이다. 장 피에르 베르낭[22]은 그리스인들은 세월이 지남에 따라, 그들의 눈에는 허구적 이야기들로 보였던 작품들——서사시, 비극——을 통해 그것을 지각한 만큼 그들의 종교를 더욱더 강렬히 지지했다는 것을 지적하면서 그 주제를 다루고 있다. 처음엔 구술로, 이어서 서술로 전승된 신화들의 이야기들은 "단지 이야기일 뿐이라고 여기고 있는 어떤 이야기에 부여하는 것 같은 유형의" 믿음, 즉 신화의 변형(부분적인 망각을 전제하고 있는)이 집단을 결속하는 집단적인 기억의 표출로 나타나면서, 거리를 두면서도 동시에 굳건한 믿음을 낳게 되는 것이다. 따라서 어떻게 허구의 이야기들이 그럼에도 불구하고 그들의 유래가 자리잡고 있는 신화들과 거리를 두게 되는지, 그리고 어떻게 해서 어떤 의미로는 이야기들이 종교를 재현하면서 그것으로부터 떨어져 나오게 되었는지 이해하게 되는 것이다. 발터 벤야민[23]은 동화가 "신화적인 악몽을 쫓아내기 위하여 인간이 취한 최초의 조처들을 보여 주고 있다"고 지적하면서 이러한 '거리두기'를 암시했다. 권모술수와 무례함을 번갈아 가며 부리면서 광폭한 자연계를 꼼짝 못하게 만들고, 그것을 자기의 짝패로 만드는 데 성공하는 '순진한 바보,' '막둥이 동생,' 나그네, 현자(賢者) 같은 인물들이 등장하는 것이 동화라는 점을 강조했던 것이다. 조지프 콘래드[24] 같은 소설가의 역설은 그가 한 사람의 화자(정확히 이중의 화자인 셈인데, 왜냐하면 일관된 이야기의 화자가 익명으로 남아 있는 것에 반해서 말로는 그 이야기 속의 이야기의 주인공-화자이기 때문이다), 그러니까 최초의 야만 행위와 맞섰던 주인공인 쿠르츠가 마지막 숨을 거두면서 떠올리는 '끔찍함,' 신화적인 악몽, 그 '어두움의 한가운데'를 향해 우리를 그 반대 방향으로 거슬러 올라가게 하는 이중의 화자를 창조했다는 점에 있다. 사실 신화를 향한 이 거슬러 올라감은 좀더 정확히 말해서 악몽의 희생자인 쿠르츠가 그것에 대해 아무런 말도 할 수 없는 것에 비한다면, 악몽에서 벗어나는 말로의 왕복 이야기인 것이다. 프로프는[25] 《이야기의 형태학》[26]——사실 리쾨르[27]가 그것에 주목하고 있다——에서 이야기는 종교의 변형(추억과 망각의 혼합인 변형)인데, 말하자면 "하나의 문화가 소멸하고 하나의 종교가 사라지면 그것의 내용물은 이야기로 변모한다"고 주장했다. 하지만 사실 종교의 죽음, 이야기의 탄생이라는 식의 두 시점에서 이루어진 작용이라는 말은 아니다. 사회학회, 특히 과스탈라·카이유아[28] 그리고 루즈

몽[29]의 관심을 불러일으켰던 이러한 이원적인 대립은 역사적인 우연성들로부터 나온 소산처럼도 아니고, 문학을 자신의 대용물로서 이끄는 신화의 퇴화로서도 아닌, 반드시 무조건적인 내면의 실행으로서 이해되어야 한다. 어쩌면 그것은 모든 종교의 운명에 속하는 것으로서, 왜냐하면 그 운명은 본래가 변화하면서만이 재생될 수 있는 것으로, 무엇보다도 본질적으로 서술적이기 때문이다. 그리스의 예가 암시하고 있는 것, 그것은 종교는 신화를 이야기로 도모하면서만이 발전한다는 것, 종교의 성장 자체는 차츰차츰 형태와 본질을 변화시키면서 종교를 대상이나 소재로서 취하며 풍성한 이야기들을 만들어 낸다는 것이다. 그 이야기들 자체는 그것들이 언급하고는 있으나 작품들이 종교적인 호교론(護教論)에 속해 있을지라도, 기원의 신화와의 거리를 두고 있는 보다 사변적이고 역사적이거나 철학적인 작품들에서 이어지고 있다는 것을 반드시 고려해야 하는 신화들과는 어느 정도 거리를 두고 있는 다양한 문학적 장르——서사시·이야기·비극 등——에 속하는 것이다.

나의 관점에서 보면 이론의 여지없이 민족학의 첫번째 교훈은 개별적이고 사적인 삶들이 동화되는 내면의 이야기들이, 그 점에 관해서 특별한 장르에 속한 문학적 이야기와 똑같은 역할을 한다는 것이다. 그들의 관행을 증명하는 신화의 일부분을 인용하고, 동시에 의학적인 처방과 신화적인 해설을 해낼 만큼 상당한 교양을 쌓은 점술가나 치료사들과 더불어 작업했던 모든 민족학자들은, 상담자의 삶에서 중요한 에피소드와 관련되었던 그들의 진술에서 나온 것들이, 그러한 동시성의 행위 자체 때문에 참신한 전개와 해설들로서 참고 신화를 풍부히 할 수 있다는 점을 지적할 수 있었던 것이다. 아메리카 인디언의 샤먼이 이른 아침에 신들과 망자들을 맞이하려고 비밀스러운 인간의 영혼을 쫓아다니느라 떠났던 밤의 여정의 에피소드들을 이야기할 때, 그의 이야기는 보편적인 신화의 그림에 무엇인가를 덧붙이게 마련이다. 미셸 레리스[30]는 에티오피아에서 **자르**(zar)에게 혼을 빼앗긴 사람들에 대한 매우 흥미로운 묘사를 하고 있다. 한 개인의 중요한 **자르**란 그를 가장 자주 신들리게 하는 것으로 그것이 그 사람과 닮았기 때문에(따라서 '그 사람과 닮은' **자르**인 것이고 그 반대는 아닌) 선택된 것이라는 점, 또 다른 한편으론 신들린 (그러니까 그 사람으로 육화한 **자르**에서) 와중에 그 개인에게 일어날 수 있는 모든 것은 **자르**와 관련된 신화적인 기법으로 만들어진 이야기들에서 차후에 다시 발견될 수 있음을 지적하고 있다. 그러므로 신화 안에서 귀환을 도모하는 것은 개인의 이야기인 셈이다.

'아프리카계 브라질' 유형의 '혼합주의'라고 부르는 몇몇 종교 의식들은 이야기를 통해서 신화로부터 빠져 나오는 것을 특히나 명료한 방법으로 보여 주고 있다. 그 종교 의식들은 사실상 현실의 상황들과 요구 사항들, 즉 현재에 적응하고 있는 것이다. 동시에 그 종교 의식들은 숲·물·하늘·대지…… 등과 연결된 몇몇 신화적 형상들을 불러냄으로써 여전히 기원들, 머나먼 과거와 어느 정도 뚜렷하게 관련되어 있는 것이다. 요컨대 예를 들면 브라질의 움반다나 베네수엘라에서의 마리아 리온자 종교 의식에서 사회적 위치는 똑같지 않지만 구조가 다소간 같은 기능(인간을 신들리게 해서 그의 입을 통해 말을 하는)을 지닌 인물들의 '계층'을 중재하는 걸 보게 되는데, 자연의 숭배물들이나 볼리바르[31] 같은 역사적인 영웅, 공인으로서의 새로운 스타들(예술가·의사……)이 그러하다. 한편 다양하지만 혼란스러운 판본들을 생산하는 최초의 신화와 거리두기는, 사실 이제는 더 사람들을 '공격하지도,' 그들을 '신들리게'도 하지 않으며, 더 이상 그들의 입을 통해서 말하지 않는다는 사실을 표현하고 있는 것이다. 다소 단순화시킨 덕분에 사람들이 그들의 일상적인 불행들을 가지고 만드는 이야기들을 종교 의식이 생산하고 제어하는 것을 목적으로 삼으면 삼을수록, 신들린 힘의 화신들(그들에게 응답하는 것들)은 점점 더 희귀해져 가고 점점 더 현실의 현재와 가까워진다는 점을 제시할 수 있을 것이다. 따라서 신화로부터의 탈피는 종교 의식에 의해 실행되고, 그것은 점점 더 일상적인 일을 다루는 이야기들로 요약되는 것이다. 그러한 과정 끝에는 그들의 불행을 이야기하는 환자들과 조용히 그것을 경청하고 가끔, 단지 가끔씩 그들에게 답변하는 상담자들을 대면하는 일만 남게 되는 것이다.

다양하게 체험한 삶들과 수없이 야릇하게 표현된 감정들이 가장 부담스러운 도그마에 대하여 행사할 수 있는 영향력 때문에, 우리와 보다 가까이 있는 실례들은 부지기수이다. 초현대적인 현행의 '가속화'가 새로운 방식으로 일치시키고자 하는, 이야기 만들기와 개인화라는 두 가지 현상들을 우선적으로 고려해야만 하는 종교의 역사(일신교를 포함해서)란 분명히 오늘날엔 존재하지 않는다.

지금껏 나는 단기적이나 장기적으로 이야기에 관심을 가질 땐 서술적인 차원이 고려되어야 한다는 것을 보여 주고자 했는데, 그 점에 관해서 그것의 서술적인 발전이 그것의 신화적인 기원을 억압하는 종교의 역설이라고 부를 수도 있는 것의 실례를 들었으며, 끝으로 그 서술적 발전은 단지 인정된 문학적 형태에만 관련된 것이 아니라 살아가고 말하는 가운데서 각각의 삶, 개인의 매시간을 접어 감치는 이야기들과도 관련이 있음을 상기시켰던 것이다. 이렇게 해서 종교의 역설은 신화를 통해 실현한 망각과 애도의 작업으로부터 발생하게 되는 것이다. 다시 말해서 모든 종교는 마르셀 고셰가 《세계에 대한 환멸》[32]에서 그리스도교의 예외로서 간주한다고 생각한 표현을 빌리자면, '종교의 종말로서의' 종교처럼 이러한 각도에서 정의될 수 있을 것이다.

마무리를 위해서 '큰 이야기들'에 대한 질문을 감행해 보자. 그 이야기들은 소멸된 것일까? 정말로 사라진 것일까? 답을 얻으려면 우선 레지아니[33]가 불렀던 노래에서처럼 몸을 찾아야 할 것이고, 그것을 어디다 두었는지 알아야 할 것이다. 어디서 그것을 찾을까? 도서관에서? 공산당이나 공산당들, 그리고 몇몇 다른 정당들의 자료실에서? 아니면 또 자유주의의 큰 이야기들은 존재했고, 어쩌면 여전히 존재할지도 모르니까 정치경제학 입문서들에서 찾아야 하는가? 난 여기서 사람들의 '삶-이야기들'이 보편적인 의도의 큰 이야기들과 유지하는 관계를 간략히 암시하기 위해서, 계몽주의 시대와 혁명 이래로 희망·진보 혹은 인류사의 참혹함으로 각인된 미래에 대한 그 신화들을 상기하려고 한다. 모든 형태의 사상의 역사는 최초의 것들엔 무관심하고, 부차적인 것들에만 관심을 기울인다. 그런데 미래에 대한 신화들은 이른바 그것을 믿었고, 그러나 무엇보다도 그들에게 부여되는 의미로서 개인적인 소신을 품었던 수백만의 사람들에 의해 체험된 것이다. 말하자면 그들은 그것 자체를 통해서 신화적인 주제를 그들의 존재의 악보(음악적인 은유는 음자리표·음계·템포의 변화와 더불어 이야기 같은 삶을 환기하는 데 아주 적합하다)에 통합하기로, 그들의 고유한 삶의 한 부분을 마찬가지로 해석하며 구성하려고 선택한 것이다. 그들의 수천만 개의 '작은 이야기들'을 통해서 그들은 보편적인 의도를 가진 큰 이야기의 의미를 검토한 것이고, 그렇게 해서 그들은 그것의 짧게 끊어지고 조각조각 나누어진 외피로부터 큰 이야기를 구해 낸 것이다. 그들 중 많은 이들은 그들의 고유한 이야기가 문제가 되지 않았기 때문에 환멸의 순간에 스스로를 부인할 필요는 없었다. 내 생각엔 공산주의의 역사를 파시즘의 역사와 항상 구별하는 것이 그것인데 한쪽의 허구적 이야기들은 다른 한쪽의 허구적 이야기들이 아니며, 이러한 차이는 개인의 허구적 이야기들에, 말할 용기가 있든 없든 개인적인 허구적 이야기에 주의를 기울이자마자 명백해진다. 파시즘 신봉자는 기억이 없는 자이다. 그는 아무것도 배우지 않는다. 그것은 그가 전혀 잊어버리지 않으며, 그의 강박관념들로 이루어진 불멸의 현재를 살고 있다는 의미도 된다. 예전의 많은 공산주의자들은 그들의 환상으로 만든 과거를 회고했다. 우리는 결코 타인들의 목소리에 귀를 기울이지 않는 것일까?

망각의 세 가지 형태들

 과거에 대한 기억, 미래에 대한 기대, 현재에 있어서의 긴장은 아프리카의 중요한 의례들 대부분을 주관하고 있는데, 그러한 이유 때문에 무엇보다도 시간을 사고하고 관리하도록 되어 있는 장치들처럼 나타난다. 내가 가능하다고 여기는 것처럼, 만일 그 의례들 가운데서 그것이 무엇보다도 과거를 객체로 간주하듯이 현재 혹은 미래를 구별지으려 한다면, 어쨌든 거기에서 겹침 부분(그러니까 양면성과 모호성을 지닌)을 찾아내는 것이 놀라운 일은 아닐 것이다. 왜냐하면 시간의 그 어떠한 차원도 타인들을 빼고 생각한다는 것은 상상할 수 없으며, 의례란 중개물이면서 지표인 앞에서 뒤로의 통행을 주관하는 현재의 특징을 이루고 있는 기억과 기대 사이에 있는 긴장의 표본이기 때문이다.

 망각의 세 가지 '형태들' 혹은 형식들은 그러한 이유 때문에 상징적이라고 할 수 있는 몇몇 의례들 안에서 기꺼이 구별된다.

 그 첫번째 것은 **귀환**의 형태인데, 그것의 최초의 열망은 보다 오래된 과거와 더불어 연속성을 되살리기 위해서, '단순' 과거를 유지하도록 '복합' 과거를 빼버리기 위하여 현재——그리고 뒤섞여 버리는 경향이 있는 근접 과거——를 망각하면서 잃어버린 과거를 되찾는 것이다.

악마들림은 귀환의 상징적인 관습인데, 이를테면 아메리카에서 그렇듯이 아프리카에서도 정령이나 조상 혹은 신(神)에게 사로잡혔던 사람은 다양한 의례의 형식들에 따라서 그 에피소드를 그것이 끝나자마자 잊어버려야 한다. 그러니까 그의 의식에서 사라지는 것은 타인 그 자체나 그의 안에 있는 타인의 존재이지만 다른 이들, 그를 둘러싸고 있는 그 사람들은 그것의 중인들이며, 때로는 신들린 힘이 신들린 사람의 입을 통해 풀어 놓았던 메시지의 수신인이기도 한 것이다. 악마에 들린 사람으로 말할 것 같으면, '그 자신으로 돌아온다'든지 '정신을 차리는 것'인데——그러니까 우리의 일상어로 된 그 모든 표현들은 악마에 들린 사람의 '귀환'에 대한 묘사와 그대로 들어맞게 되는 것이다.

두번째 것은 **기대**〔긴장감〕의 형태로서 그것의 최초의 열망은 현재를 과거와 미래에서 잠정적으로 격리시키면서, 좀더 정확히 말해 미래가 과거의 귀환과 동일시되면서 그것을 망각하며 현재를 재발견하는 것이다. 시간의 이러한 잠정적인 중단을 상징적으로 극으로 연출하는 의례들은 공석(空席) 기간, 그리고 때로는 비수기와 부합된다. 그런 기회를 통해서 흔히 연기(말 그대로 연극적인 의미에서)하게 되는 성적(性的)인 혹은 사회적인 반전(反轉)은 그것의 예외적인, 그리고 어떤 의미로는 대리적인 성격을 드러내고 있다. 역할을 뒤바꾸는 게임을 하는 사람(남자를 흉내내는 여자, 스스로 왕이라고 선언하는 노예)은 그 안에 있는 똑같은 사람의 존재를 지우는 모험을 하는 것이고, 그 놀이에 열중할 수도 있는 것인데, 이를테면 그는 더 이상 예전의 그가 아니며, 그가 이전처럼 다시 될 인물(동일한 사람)을 망각하거나 (작고한 왕의 숙명을 뒤따를 처지에 놓인 노예의 경우엔) 망자가 되는 것이다. 중단 상태는 전미래("난 적어도 그것을 체험했어야 했어")를 의미할 뿐인 현재의 순간을 미화하는 것과 일맥상통하는 것이다.

세번째 것은 **시작 혹은 다시 시작하기**(re-commencement, 물론 그 후자의 단어는 반복과는 정반대의 의미를 가리키고 있는데, 같은 삶 안에서 여러 번의 시작을 체험할 수 있으므로 함축하고 있는 접두사 ‘re'는 근본적인 하나의 시작을 의미하고 있는 것으로서)의 형태이다. 그것의 열망은 과거를 망각하면서 미래를 되찾는 것, 그 무엇도 우선하지 않고 당연히 가능한 모든 미래들에 열려 있는 새로운 탄생의 조건들을 창조하는 것이다. 시작, 혹은 다시-시작하기의 상징적인 의례의 형태는 다양한 양식 아래 하나의 창조, 그리고 하나의 탄생으로서 나타나는 입문일 것이다. 시간에 관한 새로운 인식이 솟아오르는 그 순간에 지워지거나 잊혀지는 것은 입문자가 더 이상 존재하지 않는 것이며, 동시에 아직 존재하지 않는 것, 즉 그 안에서 자기 자신이며 타인인 것이다. 다시 찾아야 할 미래는 아직 형태를 지니지 못하거나, 좀더 정확히 말하면 그것은 현재에 대한 기동(起動)의 형태인 것이다.

결과적으로 망각이 활용되는 것은 늘 현재에서인데, 상태 동사인 조동사 'être'를 의미심장하게 사용하는 복합 과거 현재의 형태, 말하자면 계속되는 현재("나 돌아왔어(Je suis revenu)")로서 완벽한 현재, 순간의 순수한 현재("나 여기 있어(Je suis là)"), 미래로 통하는("나 떠날 거야(Je vais partir)") 기동의 현재인 것이다. 망각에 관한 것일 때도 과거는 잃어버리거나 재회하고, 미래는 단지 윤곽이 그려질 정도에 불과하므로 모든 시제들이 현재에서 나온 시제라고 말할 수 있을 것이다. 그것들 모두가 망각에서 비롯된 세 가지 산물들이기 때문에 약간씩 닮았고, 서로 비슷해서 때때로 혼동할 수도 있는 그 형태들은 우리들의 삶이 그것 자체를 의식하고 있는 한 우리의 삶 안에서, 그리고 우리의 책이 우리의 삶에 대해 이야기하고 있는 한 우리의 책 안에서 마찬가지로 다시 만나게 될 것이다.

그럼에도 불구하고 이렇게 우리의 성찰의 장을 넓히기에 앞서 두 가지 명확하게 밝히고 넘어갈 것이 있다.

'망각의 형태들'과 그것을 예시하고 있는 '상징적인' 관습들은 양면성을 지녔다는 것인데, 이를테면 그것들은 공동체, 그리고 개인들과 동시에 관련이 있다. 악마에 들리기, 역할을 뒤바꾸는 의식들과 입문은 사회적인 사건들이지만, 그것은 동시에 개인적인 시련이기도 한 것이다. 사회적인 시간과 개인의 지속은 동일한 의례들을 통해서 형성되었고, '변형되었으며,' 책임을 지고 있다고 할 수 있다. 그러나 이러한 이유 자체 때문에 그것들의 공동체적이고 개인적인 의미들이 반드시 일치하지는 않는다. 공동체는 악마에 들리기의 에피소드들을 기억으로 보존하는 데 비해서, 악마에 들렸던 개인은 반드시 그것을 잊어버려야 하기 때문이다. 역을 바꾸는 의례들은 그 역을 맡은 중심 배우들인 그들을 통해서 '특별한 시간'처럼 체험하지만, 그것은 의례를 주관하고 그 전개를 통제하는 사람들에게는 여러 차례 악마에 들리기를 하는 한 편의 극(劇) 안의 연속된 장면들에 불과하다. 입문은 입문자에겐 단 한번의, 최초의, 한번도 해보지 않은 돌이킬 수 없는 순간으로서의 체험이지만, 이후에는 다른 사람들의 입문의 증인이 되며, 입문자와 그의 동료들은 그들의 고유한 입문에 참여하는 사람들처럼 사건의 반복적인 성격에 훨씬 민감해질 것이다. 그렇긴 해도 이러한 양면성은 한계를 가지고 있는데, 이를테면 의례는 가장 흔하게 참석자들과 집전자들을 공감하도록 만드는 정감어린 분위기 속에서 거행되고, 게다가 모든 의식적인 집전은 시작을 알리는 것이고, 성공적으로 이루어진 의례는 항상 기동의 가치를 지니고 있으므로 그것은 미래를 열거나 혹은 다시 열게 되는 것이다. 방금 문제삼았던 현재·미래 그리고 과거에 대한 망각은 우선은 개인들의 망각이지만, 의례적인 배경 안에서 그것은 매우 쉽게 영향을 끼치게 된다.

그 점에 관해서 우리가 할 수 있는 두번째 고찰은 개인에 관한 개념을 다루는 것이고, 이전에 있었던 대립(공동체/개인)을 상대화하는 것이다. 모든 의례적인 시나리오들이 사실상 우리에게 보여 주는 것은, 개인의 정체성이 타인과의 관계와 그것을 매개로 하여 동시에 이루어진다는 점이다. 그러한 관점에서 '망각의 형태들'은 본보기가 될 수 있는데, 이를테면 악마에 들리기는 다른 사람들이 보기에는 악마에 들린 사람에게 정체성을 추가시키고, 역을 바꾸는 의례들은 자신을 그것과 구별하고자 하는 의지(연기된)를 극화하는 한 말할 것도 없이 성적(性的)이나 사회-정치적인 정체성의 검증인들인데 비해서, 입문은 입문자에게 공동체의 위상을 부여하고 '동기 승진자들' 사이의 연대감을 창조하는 것이다. 시간과의 관계는 항상 단수형-복수형에서 생각하게 된다. 망각하기 위해선, 다시 말해 시간을 관리하려면 적어도 그 두 가지가 필요하다는 것을 의미한다.

*
**

 내가 귀환에 관한 가장 강렬한 체험을 한 것은 아프리카에서이다. 난 그곳에서 몇 해를 살았고, 그리고 나서 프랑스로 돌아왔다. 이어서 몇 달 동안의 체류를 하고자, 정기적으로 늘 그곳으로 되돌아갔다. 열대림과 석호(潟湖)를 따라서 나 있는 연안 공항에 도착하면 난 항상 똑같은 감동을 받거나 그것에 압도당하곤 했는데, 얼굴로 덮쳐 오르는 몹시 뜨거운 습기와 저항할 틈도 없이 습격하는 붉은 대지의 냄새가 그랬다. 도저히 저항할 수 없었던, 그런 거침없는 영접은 내가 원래의 상태로 되돌아가면서 있는 그대로를 받아들이는 안락함을 제외하고는 비길 만한 것이 없었는데, 친구들의 진심, 목소리들, 그리고 '현지의' 프랑스 음악, 소리와 색깔들, 절박한 순간들("근데 어디 가서 저녁 먹을 거지?"), 그리고 마치 내가 어제 떠났었다가 평소처럼 기분 좋은 소일거리와 더불어 내 집(홈, 스위트 홈!)으로 돌아온 것처럼 전날의 근심거리들과 갑작스럽게 재회하는 경우가 그랬다. 아프리카가 언제나 뿜어내는 깊은 매력은, 이제는 사라진 친구들의 시대인 과거의 시간을 따라가 보고, 보존되어 있는 현재의 의지를 여행객에게 제공하는 이러한 거대하고 넘쳐흐르는 영접의 위력에서 나오는 것이라고 생각한다.

타고난 몇몇 여행가들은 그들의 지리적인 자본을 신중하게 관리한다. 그들은 갈증에 대비해서 별도로 배를 몇 개 담아 가기도 하는데, 언젠가 그곳을 직접 밟게 되기를 기다리며 눈으로 살피고 답사하는 몇몇 장소들 몇몇 **미지의 땅**으로서, 그런 식으로 그들은 미래의 감격을 준비하는 것이다. 하지만 그것은 흔히 다른 장소들에서부터 귀환의 기쁨에 이르기까지 보류되어 있고, 지속되며 완성해 가는 과거의 어떤 부분들과 동시에 진행되는 몇몇 삶들을 위한 변함없는 몇몇 장식들을 고스란히 간직하려고 하는 감동들이기도 하다.

그들은 그 별개의 삶들이 정말로 유사한 것은 아니라는 점, 그리고 초년의 젊은 시절에서 다른 나이대로, 하나의 대륙에서 또 다른 대륙으로 옮겨 가며 그들이 쉼없이 늙어 간다는 점을 잘 알고 있지만, 그들이 공간을 옮겨다니면서 시간의 흐름을 피해 갈 수 있다는 착각을 하기엔, 그 다른 삶들이 아주 유연하게 서로 얽히거나 매우 느슨하게 연결되는 것으로도 충분하다.

그들에게 중요한 것, 그것은 행복 아니면 좀더 정확히 말해서 이 순간, 어느 악마에 들린 사람이 그를 돕는 자들의 세심하고 연민어린 눈길 아래서 악마 들림에서 빠져 나오는, 떠나온 것을 이젠 더 이상 기억하지 않는 과거로 들어가려고 승무원과 스튜어디스의 인사를 받으며 비행기에서 빠져 나오는, 그래서 그들이 주체할 수 없는 행복을 느끼는 바로 그 순간인 것이다.

그렇지만 귀환에 성공하는 것보다 더 힘겨운 일은 아무것도 없다. 거기엔 망각에 대한 엄청난 힘이 필요하기 때문이다. 말하자면 그의 가장 가까운 과거나 타인의 가장 가까운 과거를 망각하는 데 실패한다는 것은, 전과거로 다시 합류하는 것을 거부한다는 말이다. 율리시스는 그의 개하고만 재회할 수 있을 뿐이다. 그밖의 것에 관해 말하자면 구혼자들은 망자들조차도 너무 현재에 머물러 있고, 페넬로페는 그의 남편보다 망각에 관해 더 큰 힘을 가지고 있으며, 시간의 흐름을 돌리려고 자신의 편물[34]을 짜고 다시 푸는 데 밤낮으로 온종일 전념한 탓에 더 능숙한 기술도 가지고 있다고 장담할 수도 있을 것이다. 그의 귀환이 무엇보다도 지리적인 것이 되지 않고, 시간에서 되찾은 영속성과 어렵지 않게 합류하기에는 율리시스는 너무도 많은 체험을 했고, 너무도 많은 원한을 가지고 있었던 것이다.

불가능한 망각과 완성되지 않은 귀환에 관한 소설, 복수의 욕망에 관한 소설, 그것을 쓴 이는 알렉상드르 뒤마[35]이다. 《몽테 크리스토 백작》은 복수하는 주인공들이 시간의 끈을 다시 이을 능력이 없다는 것을 비극적이고도 불꽃 같은 기법으로 그려내고 있다. 사실 이 무능함은 그들을 정의하고 있는 것이기도 한데, 무능함은 머나먼 옛 과거를 변질시키고 타락시키며 왜곡시킨 것들을 단칼에 베어 버림으로써, 요컨대 그것은 보다 가까운 과거의 이미지를 추구하고 강화함으로써 머나먼 과거를 되찾기 바라는 극도로 상반된 그들의 행동 욕구 때문에 생기는 것이다.

나는 지난 휴가철 동안 《몽테 크리스토 백작》을 다시 읽게 되었다——날짜를 추정할 수 없으나 그것이 존재한다는 것은 의심치 않는(이야기의 에피소드들이 그것을 증명해 주었는데, 이를테면 경찰들이 수사하면서 말하듯 나는 그것을 알아보고 '확인하는' 것이다) 아주 먼 과거와 나 자신을 다시 이어 주면서 말이다. 유년 시절을 품고 있는 그림자가 예기치 않은 것들이 주는 매력을 잃지 않고도, 이렇게 나의 '다시 읽기'에 평소와 다름없는 포근한 안락함을 선사하는 것이다. 다시 읽는다는 것, 그것은 미리 느끼지 않고 다시 체험하는 것이며, 마치 줄거리의 망각은 다시 읽기의 속도에서만 흩어질 뿐이므로 그것이 우리에게 귀환의 감미로움과 기다림에 대한 희열을 동시에 돌려 주듯이, 장차 일어날 것을 상상하는 일을 포기하지 않고도 이미 느꼈던 인상을 음미하며 즐기는 것이 된다.

**

비록 그의 놀라운 행운과 예기치 않은 재산이 그를 좀더 관대하게 만들 수도 있었을 것이라고 생각해 볼 수는 있다 하더라도 에드몽 당테스가 용서하지 않았다는 것, 그것은 수긍할 만하다. 하지만 과거의 강박관념에 사로잡힌 자인 것이다. 따라서 그의 두번째 불행은 바로 거기에 있는 셈인데, 기억을 찾아가며 그가 발견하는 것이란 망각뿐이기 때문이다. 우선은 타인들의 망각이다. 그를 알아보는 사람은 아무도 없는데(메르세데스는 예외이지만 그것은 별개의 문제이고), 한편으로는 그 자신조차 자신을 알아보는 걸 원치 않기 때문이다. 어쨌든 당장은 원치 않는다. 그는 가면을 쓰고서 다가간다. 깊숙한 과거에 비추어 보면 그의 가면은 시대착오적인 침입을 기도하려는 징후이다. '앙갚음을 하기 위해서' 시간을 거슬러 올라가는 자의 기억은 최초의 모욕에, 또 다른 과거를 감추는 '최종 시한'에 멈춰 있는 것이니까 말이다.

그 점에서 에드몽 당테스의 이야기는 비극적이다. 그는 똑같은 것과 그와 상반된 것, 말하자면 추억과 복수, 모욕 이전과 이후를 찾고 있다. 그런데 복수가 그의 욕망의 최초 대상이었다는 것이 확실치 않다. 가면의 수를 늘리는 것(당테스가 때로는 **몬테크리스토**의 모습으로, 때로는 부조니 신부의 얼굴로, 또 때로는 윌모어 경(卿)의 그것으로 나타나는 만큼)은 오히려 정체를 폭로시키는 위험을 증가시키는데, 말하자면 그것은 거의 자백이거나 호소인 셈이다.

매우 효과적인 힘으로 신념을 행사하는 그 모든 인물들을 통해서, 어쩌면 그는 어느 정도 의식적으로 가면 뒤에 있는 배우를, 그리고 배우(특히 메르세데스에 대해 이야기할 때, 그의 문장들은 모두 다 암시적이다) 뒤에 있는 인물을 간파하도록 한 것일지도 모르지만, 그 이중의 게임은 모순적이다. 왜냐하면 가면을 쓴 몬테 크리스토는 변해 버린 것은 매한가지인 그의 옛 동료들의 삶이 되어 버린 인간 희극 안에서만 그의 역할을 받아들일 뿐인데, 그가 벗겨낸 것은 그들의 가면(범법 행위를 한 검사, 작위를 받은 평민, 벼락부자가 된 가난뱅이, 애국적인 매국노…… 등을 고발하면서)인데도 그가 자신의 가면을 고수한 것은 그것이 그의 몸에 배어 있었기 때문이다. 만일 희생자들의 가면을 그렇게 했듯이 자신의 가면을 벗었다면 또 하나의 다른 가면, 어쩌면 고통이나 분노의 가면을 드러낼 뿐이었겠지만, 어떤 경우에도 그의 젊은 시절에서 사라진 얼굴을 드러내지는 않았을 것이다. 물론 확실히 복수(누구나 알고 있듯이 때를 기다려야 한다)는 원수를 갚는 자가 자기를 모욕했던 이로 하여금 자신을 알아보도록 만들고, 상대방의 이름을 입 밖으로 낼 수밖에 없도록 만드는 데 이르러서야 완성되는 것이다. 그러나 이름을 부르자마자 모욕을 준 자는 사라진다. 오래된 기억(그리고 현재와 다시 이어지기를 바라는 귀환의 욕망)의 관점에서 볼 때, 《몽테 크리스토 백작》은 텅 비워진 소설이다. 백작이 그의 과거와 다시 만나려고 출발하는 순간부터 모두가 지워지고 모든 것이 사라지는데, 그의 희생자는 물론이고 그의 추억과 그의 사랑까지도, 그리고 **결국에는** 복수하려는 그의 욕망마저도 말이다. 그에게 남은 것은 달아나 버리는 일뿐이다.

알렉상드르 뒤마는 이 비극적 사건 전부를 일종의 카타르시스(그의 과거에서 자유로워진 에드몽은 다른 사랑, 그리고 다른 삶을 되찾을 것이다)처럼 그리고 있다. 그러나 이러한 카타르시스적인 효과는 어쩌면 하나의 환상일지도 모르는데, 그 이유는 몽테 크리스토 백작이 다른 삶을 되찾기 위해서 과거를 망각할 수 없기 때문이다. 그것은 악마들림에 갇혀 있는 악마들린 자인 것이다. 그는 망각이 부재(不在)하는 악마들림 때문에 민족학적으로 기형의 형태를 구현하고 있다. 그는 최초의 과거가 서려 있는 장소들을 다시 보게 되지만, 그곳엔 이제 아무런 느낌도 존재하지 않는다. "……아버지의 거처에서 당테스는 더 이상 그 무엇도 떠올리지 못했는데, 이를테면 그것은 이제 똑같은 벽지가 아니었으며, 따라서 오래된 가구들 모두와 그의 추억 안에서 그 모든 것이 세세하게 나타나는 에드몽의 유년 시절의 친구들이 사라져 버린 것이다. 단지 벽들만이 예전과 같은 모습으로 남아 있었다."[36]

오래된 가구들과 벽지, 단지 그것만이 문제가 되는 것일까? 만일 그 문제에 의심을 갖는다면, 몽테 크리스토와 메르세데스가 말하고 있는 상이한 방식이 오히려 그것을 확인해 줄 것이다. 메르세데스는 에드몽을 쉽사리 알아보는데, 그것은 그녀가 그를 단 한번도 잊은 적이 없기 때문이다. 메르세데스는 그의 구혼자를 받아들인, 정신력이나 고집이 덜 센 페넬로페인 것이다. 그러나 비록 몽테 크리스토가 그 사실을 알고, 또 그녀에게는 아무런 죄가 없다고 여기는데도 그만큼 메르세데스에게 냉담한 것은, 그 자신의 가장 깊숙한 곳에서(세상살이 때문에 흩어져 버린 시간들과의 만남이 이루어질 수도 있는 그곳) 그는 진정으로 그녀를 알아보지 못하기 때문이다.

"메르세데스는 죽었소, 부인. 그리고 난 그 이름을 지닌 사람을 더 이상 알지 못하오"라고 몽테 크리스토가 말했다.

"메르세데스는 살아 있습니다. 그리고 메르세데스는 기억하고 있습니다……"[37]

그 말들은 반드시 말 그대로 이해되어야 한다. 몽테 크리스토는 모르세르의 부인이 누구인지 알고 있으나(심지어 그는 오직 그것만을 생각한다), 그 모습 안에 있는 다른 시간대와 다른 삶 속에서만이 그가 바로 에드몽 자신이었노라고 생각하는 메르세데스를 더 이상 알아보지 못하는 것이다. 메르세데스는 겉모습만 보고 속지는 않는다. 그녀는 자기 자신을 의심하지 않으나 에드몽이 차마 말하지 못하고 자기는 듣고 싶지 않은 것, 즉 자신이 늙었다는 것을("에드몽, 당신은 아실 겁니다. 비록 내 이마는 창백해지고, 내 시력은 약해지며, 나의 아름다움은 사라져서 마침내 얼굴의 모습으로는 메르세데스가 더 이상 자신과 닮지 않게 되더라도 그것은 항상 같은 마음이라는 것을…!"[38]) 자기가 직접 말하기로 선택한다. 그렇더라도 그녀는 자신이 호소하고 있는 그 남자가 에드몽으로 다시 돌아오기 위해서 몽테크리스토를 망각할 수 없다는 걸 잘 알고 있다. "몽테크리스토는 그녀의 손을 잡았고, 거기에 정중히 입맞추었다. 그러나 그녀는 백작이 성녀상의 대리석 손등에다 했던 그것처럼 그 입맞춤엔 열정이 없다는 것을 느꼈다."[39]

자기 아들의 아버지도 아닌 자의 이름을 중얼거리지(에드몽! 에드몽!) 않고서는 아들조차 생각할 수도 없는, 이 가련한 메르세데스의 운명이 당연히 전혀 부럽지 않은 데 비해서, 여주인공에게 통째로 거주지(작고해서 세상에 없는, 그녀의 시아버지가 될 수도 있었던 사람의 방에다)를 제공해 주면서 주인공이 새로운 전망을 안고 떠나게 함으로써 알렉상드르 뒤마가 얻는 만족감에 대해선 이야기할 것이 많다. 어쩌면 몽테 크리스토, 그가 옳았고 따라서 분명히 메르세데스가 잘못한 것일지도 모른다. 그러나 내가 뒤마의 소설을 길게 잡고 늘어지는 것은, 우선 그가 귀환에 관한 점을 제외하고는 전부 다 이야기하고 있다는 것을 보여 주기 위해서이다. 말하자면 메르세데스는 정말로 떠난 것이 아니고, 에드몽은 다시는 돌아오지 않을 것이라는 사실이다. 그 두 사람 모두에겐 상대방-파트너가 결핍되어 있다. 왜냐하면 귀환의 악보란 여럿이서, 적어도 두 사람이 연주하는 것이기 때문이다. 귀환에 대한 대부분의 이야기들이 시간과 대면한 공간의 무력함과 무능함을 이야기하고 있지만, 우리로 하여금 지나간 시간의 진가를 알아보게 하는 것은 부재(잃어버린 관계)에 대해서인데, 그것들은 결국 향수에서 고독에 이르는 과정만을 이야기하고 만다.

기독교식으로 교육받은 아이였던 나는 그리스도의 부활을 환기하는 데서 항상 실망을 느꼈다는 것을 기억하고 있다. 그의 고통과 죽음, 이런 사람들의 배신 행위와 저런 사람들의 비열함에 대해서 너무도 많은 것을 세세하게 알고 있는지라 조로의 귀환같이 남다른 무엇을 열망하게 되는데, 말하자면 승리자의 웃음을 지으며 히브리인과 로마인들에게 인생 경험을 배우려고 온, 채찍을 손에 든 불타오르는 듯한 그리스도 말이다. 만일 사람들이 복음서를 믿었더라면, 당연히 아무것도 일어나지 않았을 것이다. 그리스도는 간헐적으로, 그리고 비밀스럽게 다시 모습을 보일 뿐이었다. 그의 동반자들은 그를 받아들이기 망설였던 것이다. 어떻게 말해야 할까? 승천에서 예수 수난상에 이르는 그 비극적 이야기와 마주한 부활의 이야기로는 턱없이 부족했던 것이다. 몇몇 특혜를 받은 증인들에게 마련된 그리스도의 부활은 그들에겐 거의 하나의 견진성사이고 시험에 들기였다는 것을, 즉 그리스도는 성령으로서 중계자를 넘어섰다는 것을 정정당당하게 이해시키려고 했다. 그 모든 것에도 불구하고 내가 이 이야기에 실망했던 것은, 비록 그것이 하나의 시작(사실상 그러했고, 그것을 우리에게 부단히 설명했다)에 관한 이야기같이 보였음에도 내게는 돌이킬 수 없는 최후의 이야기처럼 이해될 수밖에 없었는데——분명 하나의 다른 이야기의 시작이었지만 우정과 만남·정의에 대해서 담소를 나누곤 했던 일요일마다 내게 이야기를 들려 주었고, 짧았던 유년 시절 동안 내가 모험담으로 들었던 구절들에게서 상상했던 이야기의 끝이기도 했던 것이다.

소설처럼 여겨졌던(그리고 사실상 수많은 소설들의 도식을 제공했던) 그리스도의 이야기는 에드몽 당테스의 그것처럼 부조화된 시간들을 등장시키고 있는데, 이를테면 비극으로 끝난 시간과 귀환으로 지속된 시간이 그러하다. 소설의 차원에서 이러한 부조화는 죽음이나 출발——귀환의 실패와 추억의 시작으로서만이 해결된다. 종교의 차원에서 그것은 분명히 표명된 또 다른 지속이거나 또 다른 계획(그리스도는 교회와 그리스도교 신자 각각의 인격 안에서 계속 살아 있다고 하는)으로서 뚜렷하게 나타난 똑같은 지속이긴 하지만, 그러나 그러한 변화 자체는 몇몇 서술적인 문제를 제기하게 된다. 즉 이야기로 만들기 어렵다는 것이다.

소설의 관점에서 프루스트[40]는 뒤마와 반대이다. 기억을 찾아 나서는 몽테 크리스토가 발견하는 건 망각뿐인데 반해서,《잃어버린 시간을 찾아서》[41]의 화자는 망각을 찾는데도 기억과 재회한다. 이렇게 극단적으로 단언하는 것은 고백하건대 그리 간단치 않은 것이, 몇몇 관점들을 중시하는《잃어버린 시간을 찾아서》에 대한 시각에서 비롯된 탓이기도 하다. 되찾은 시간, 그것은 되찾은 인상(먼 옛날의 인상)이며, 또 폴 리쾨르[42]가 주목했듯이 되찾기 위해서 인상은 "우선 그것의 외적인 대상의 포로인, 즉각적인 향유로서 반드시 잊혀진 것이 되어야 한다"는 것이다. 무의지적인(맛, 울퉁불퉁한 두 개의 도로) 기억의 경험은 자아에

보존된 정체성의 증거이지만, 이 증거는 망각하고 난 이후에만 입증될 수 있을 뿐이다. 게다가 되찾은 인상이란 덧없는 것일 터이고, 만일 그것의 대상을 창조함으로써 문학이 그것과 일치가 되지 않았다면 허망한 귀환이 되었을 것이다. 요컨대 귀환에 대한 유일한 현실은 프루스트가 '되찾은 현실 세계의 희열'이라고 정의 내린 문학인 것이다. 이 문구는 폴 리쾨르[43]가 반복했고, 가장 최근의 비평들은 일반적으로 《잃어버린 시간을 찾아서》를 소명을 받은 소설로서 정의했는데, 되찾은 인상이 오래도록 지속되고 그것이 자신의 의미를 발견하게 되는 것은 바로 글쓰기 안에서이다.

그러나 글쓰기──작가에게 허용하는 자아로의 귀환──는 이중의 망각으로부터 시작되는데, 즉 나중에 다시 발견한 최초의 인상에 대한 망각뿐 아니라 그것이 귀환하는 순간에 존재하는 인상이 아닌 모든 것과, 특히 인상이 상실되고 잊혀진 그 자체였던 시기에 대한 일시적인 망각이기도 하다. 그런데 《잃어버린 시간을 찾아서》의 화자에게 탐색과 준비 과정이 되는 이 중개적인 시간은, 마찬가지로 죽음과 동일시되는 망각에 대한 두려움과 고통에 다름 아닌 추억에 대한 두려움 사이를 끊임없이 공유하는 시간이기도 하다.

그것이 소명에 대한 이야기, 모든 것이 완결될 때 필연적으로 시작하는 기원의 이야기의 모순인 것인데, 말하자면 그것이 서술한 그 모든 것은 동시에 시초이기도 한 최후의 대파란 안에서만이 의미를 취득할 수 있는 것이다. 여기서의 모순은 작품의 원동력이며 결과인, 귀환의 형태가 실존적이고 문학적인 관점에서 망각과 추억으로 인해 동시에 갖게 되는 강박관념을 야기하는 만큼 더욱더 미묘하다. 사랑하던 사람이 언젠가는 사랑하지 않을 것이고, 그것은 그에게 '일종의 죽음'과도 같은 것이므로 죽음의 분위기 안에서 사랑을 설정하는 미래에 대한, 그리고 망각에 대한 강박관념인 것이다. 두려움으로 전전긍긍하는 분위기 속에서 사랑이 설정되어 있는 과거와 추억에 대한 강박관념인데, 왜냐하면 질투를 회고-반추하면서 배신과 불행의 징후들을 끊임없이 간파하기 때문이다. 비의지적인 기억의 경험에 의해 되살아난 전과거에로의 문학적 귀환만이 이 이중의 강박관념을 넘어서게 하고 진정시켜 주며 옛 과거를 되찾게 해주는데, 즉 그외의 다른 과거들로부터 벗어나면서 죽음과 두려움을 망각하도록 해주는 것이다. 왜냐하면 그 이외에는 화자가 콩브레에서 유년 시절로의 귀환을 (《사라진 알베르틴》의 제Ⅳ장에서) 이야기할 때, 그는 모든 중재적인 과거의 거추장스러운 출현으로 해서 망쳐 버렸고, 기대에 어긋나 버린 것같이 그의 경험을 묘사하고 있기 때문이다. "나의 옛 시절들을 회상했던 적이 거의 없었다는 생각이 미치자 난 몹시 마음이 아팠다. 예인로(曳引路) 기슭에서 난 비본이 마르고 못생겼다고 생각했다. 내가 기억했던 것 안에서 정말로 중요한 구체적인 오류를 발견한 것은 아니었다. 그토록 다른 삶을 통해서 내가 다시 거치게 되었던 장소들과 단절되어, 나와 그것들 사이에는 즉각적이고 감미로우며 그리고 완전한 추억의 폭발을 깨닫기도 전에 생기는 이러한 인접 관계조차도 존재하지 않았던 것이다……."[44] 자아로의 귀환은 진정코 망각의——그리고 기억의 문학적 형태인 것이다.

모든 비극이 멜로 드라마로 변모될 수 있었듯이, 그 반대로 코믹 작가들은 귀환의 형태를 이용하기도 했다. 사람들은 《프랑수아 I세》[45]에서 아내와 장모, 그리고 사장 때문에 불행해진 가여운 사내를 연기했던, 그리고 운좋게도 우연히 만난 마법사가 그에게 건네준 사랑의 묘약의 효과로 《삽화가 실린 프티 라루스》[46]를 적재적소에 사용하여 예언가로서의 확실한 명성과 귀부인들의 호의적인 관심을 얻게 된, 프랑수아 I세의 궁정으로 날아간 페르낭델[47]을 기억하고 있다. 사랑의 묘약이 효력을 상실하자 그는 본래의 자기로, 파리로, 그리고 20세기로 귀환했고, 동시에 진부한 일상 생활에서 파생되는 평소의 골칫거리들을 다시 만난다. 그러자 그는 하루하루 사는 게 즐거웠고, 그의 진정한 삶이 존재했던 그곳으로 다시 보내 달라고 마법사를 계속해서 졸랐다. 그는 소원을 이루었고, 프랑수아 I세 궁정으로의 떠들썩한 그의 귀환("자, 내가 다시 왔소!")은 기막히게 유쾌했었다.

채플린이 나오는 영화에서 귀환의 메커니즘은 훨씬 복잡하다. 가난한 떠돌이 채플린은 술에 취한 부자를 만나는데, 그는 채플린을 자기 집에다 모셔 놓고선 왕자라도 되는 듯 아주 친절하게 성의를 다해 대접한다. 불행하게도 술에 취했을 때는 그토록 관대한 이 남자는 술에서 깨면 취기 때의 기억을 잊어버리고, 가혹하고 냉정한 사람으로 돌변해 버려서 채플린을 거리로 내몰아 버린다. 그러나 기적이랄지, 그가 다시 술에 취하자마자 이전에 취기 때의 기억이 다시 떠오르고, 채플린을 따뜻이 맞이해서 그의 집에다 다시 거주토록 하는데…… 그리고 나서 이야기는 원점에서 다시 시작된다. 코믹 효과는 그 사건들의 지속된 기억을 간직하고 있는 채플린이 남자를 만났을 때 마음 좋은 친구 앞에 있는 것인지, 아니면 고귀한 적(敵) 앞에 있는 것인지 전혀 모른다는 데에서 발생한다.

귀환의 형태 뒤에서 생각하기 어려운 것은 영속성이다. 경험적 지속의 불연속은 일반적으로 떠나온 것을 완전히 되찾는다든가, 잊고 남겨두었던 것들을 다시 수습한다거나, 변하지 않은 자기 자신을 되찾는 것을 금하고 있는데, 말하자면 사랑의 묘약이나 완전한 취기의 도움이 필요하다고 영화는 말하고 있는 것이다. 이미 경험한 바가 있으므로 나는 거기에다 예전에 살았던 적이 있으며, 한번도 그곳을 떠났던 적이 없다는 느낌을 주는 장소로 되돌아온 사람에게 엄습하는 전율의 힘, 이를테면 열대 지방의 냄새와 화상들, 혹은 때때로 몸의 컨디션을 다시 회복하는 모래에 둘러싸인 해변, 영원한 여름의 친밀한 웅성거림들을 덧붙이고 싶다. 그것은 완전히 프루스트가 말하는, 그러니까 몸과 감각으로 받아들여진다는 의미에서, 떨어져 있는 두 개의 시기가 접촉하는 것에서 발생된다는 의미에서 똑같은 차원의 누전이긴 하지만, 되찾은 것 이상으로 보존된 시간과 확실하게 연결되는 장소들 그 자체에서 발생하도록 작용하는 '기억들의 폭발'은 아니다. 피에르 베르제는 젊은 입문자들이 받는 치료에 대해서 논하고 있는 《오리사들과 보둔에 관한 주해들》[48]에서 프루스트를 참조하고 있는데, 그들의 의례적인 '죽음의 상태'는 그들이 삶이 영위되는 동안, 새로운 입문의 북소리들이 울려 퍼지자마자 언제나 생생한 감동으로 다시 맛보게 되는 매우 강렬한 감각의(그때에 특별한 리듬으로 북들을 침으로써, 특히 청각의) 충격을 동반한다는 것이다.

이러한 예에서 귀환과 시작의 형태들이 변화하는 것을 보게 되는데, 그것은 입문자들이 입문을 하나의 탄생으로서 체험하기는 하지만 시간이 지남에 따라 귀환과 추억들의 증인이 되기 때문이다. 그러나 귀환의 감정은 사회적인 상징 체계이며, 영구불변한 의례인 장소의 정체성에 의해 유지되고 확고해지는 것이다.

프루스트적인 귀환('기억의 폭발'이 문학적 영감의 소재와 기원으로서 나타나는)의 감정과 장소 자체로의(강렬한 감각 덕분에) 실존적인 귀환을 하는 감정 사이를 어어 주는 사례는, 책을 다시 읽는다거나 영화를 다시 관람하기 좋아하는 영상 혹은 문학 소비자들이 품는 감정과도 흡사할 것이다. 이러한 영역에서 귀환의 기쁨은 그외의 다른 추억들처럼 자리를 차지하고, 우리의 상상계 안에서 똑같은 위험에 노출되어 있는 부분들(이러한 대목, 저러한 환영), 순간들과도 관계가 있다. 우리가 좋아했던 (문장의) 행들을 다시 찾아볼 수 없었다거나, 혹은 그것이 그 본래의 매력에서 무엇인가를 상실한 것처럼 보이는 일이 있는 데 비해서 몇몇 '컬트' 영화에서 우리를 매혹시켰던 장면들, 때때로 그것을 정확하게 묘사하기가 난감하지만 그럼에도 불구하고 우리의 기억 속에 존재하고 끝까지 남아 있으며 다정스럽기도 한 것이, 이를테면 《카사블랑카》에서 잉그리드 버그만이 처음으로 등장하는 장면이나 《위대한 환상》에서의 본 슈트로하임[49]의 제라니움 첫 장면이 그러하다.

그러한 허구의 장면들은 실제의 우리들 삶 안으로 덮치고, 우리가 체험한 것들과 같은 자격의 추억들인 양 그 안으로 살짝 스며드는데, 어떤 점에서 우리가 실제로 그것을 체험했다는 것은 사실이다. 그 장면들이 귀환할 때(그것을 상상하는 대신에 다시 보게 될 때) 시간이 지나가 버렸고, 또 기적처럼 지속하고 있는 그 감정——똑같은 강도로 계속해서 읽고 또 읽는, 보고 또 보는 문학광들이나 영화광들의 가장 흔한 특권——이 우리의 다시 맛보기, 놀라움, 그리고 우리의 추억과 섞이지 않는 한 똑같은 시선으로 그 장면들을 바라보지는 않을 것이므로 그 때문에 우리가 당황할 수 있고 실망할 수 있는 것은 바로 정확히 그같은 이유 때문인 것이다. 어쩌면 음악(우리가 영화의 이미지를 인식하는 데 있어서 흔히 중요한 역할을 맡고 있는)은 그 다양한 형식 때문에 그것이 깜짝 놀라게 해주는 이들을 평소엔 잘 알아보지 못하다가 음악 덕분에 어느 날 불현듯 알아차리고, 그곳을 떠나기 전에 좋아하게 됐음을 인정하게 되는 호숫가〔해안〕부근으로 데려다 줄 수도 있는 아주 특별한 예술 그 이상일지도 모른다. 단조로운 노래, 노래의 후렴구, 악보가 표현하고 있는 '세 개의 작은 음표들'의 멜로디는 이러한 여흥의 가능성, 이러한 시적인 위력——'대중' 음악들은 가장 폭넓은 공감대를 가지고 있으며, 따라서 특수한 음악 애호가층보다는 훨씬 다양하고 보다 광범위한 사람들에게 시간의 섬세한 유연성을 느끼게 해주는 가능성, 즉 프로이트는 반복과 연결짓고 있으나 프루스트와 더불어 기묘하다기보다는 친밀한, 가장 만족스러운 형태들 안에서 확실하게 귀환함으로써 되살릴 수도 있다고 배운 '묘한 친밀함'(섬뜩한)의 감정을 제공한다는 점을 제외하면 음악의 장르들로부터 독립적인——을 지니고 있는 것이다.

사실대로 말하자면 이러한 예술적 감흥의 유형 안에선 오로지 귀환의 형태만 존재하지 않는데, 그것은 중단 상태(미래와 과거에 대한 상념이 사라지는 순간의)의 형태와 자아로 귀환하는 경험을 통해 자기 자신으로서 존재한다는 확신이 가능성의 문들을 다시 열 듯이, 때로는 다시 시작하기의 형태와도 합류하게 된다.

  희귀하고 덧없고 불안정한 귀환의 형태는 다행스럽게도 역행할 수 있다. 매우 의미심장하게도 사람들과 문화들은 귀환하려는 행위에 속해 있는 본질적인 어려움들을 법적으로 인정함으로써 그것이 실행되었다고 생각하기 때문이다. 닮음과 재생에 대한 개념들은 그러한 뒤집기의 결과인데, 이를테면 새로운 가족이 태어나자마자 사람들은 그의 몸에서, 조금 시간이 흐른 뒤에는 그의 성격에서, 타인의 귀환을 그에게서 읽을 수 있는 특징들을 찾아내는 것이다. 그것은 어느 정도 책상 서랍 안에 쌓여 있는 가족 사진들 중에서 몇몇 사진들을 유심히 살펴보다가, 가까운 선조들의 모습에서 그들의 후손들("자네 아버님 사진 좀 보게나, 자네 아들 말야, 웃을 때 보면 아버님을 아주 쏙 빼다 박았어!")의 용모나 몸매를 연상시키는 것들이 있다고 생각하는 그때 우리가 깨닫게 되는 것과 같다. 닮음에 대한 모든 보고서 뒤에는 공동체나 시대에 따라서 어느 정도 체계적으로, 무의지적인 기억의 경험과 똑같은 결과들을 다소간 가지고 있는 가계(家系)와 혈통에 관한 이론이 나타나는 것이다. 다시 말해서 하나의 유산으로서 선포된 자명한 사실로 그것을 받아들이면서도 그것은 개인의 정체성·동일성의 감정을 견고히 해주는 것이다. 또 그러한 관점에서 보면, 사람의 기본 요소는 그의 후손들(하나의 문화에서 다른 문화로 변화하는 양태들 만큼이나) 가운데 한 사람에게로 계승된다고 전제하는 이론들——유전적 특성에 관한 유물론자의 개념과 매우 밀접한 이론들——그리고 플라톤의 《국가》에 나오는 에르의 신화처럼 똑같은 영혼의 연속적인 환생들이나 윤회를 이야기하고 있는——《국가》의 결정적인 신화에서 추론할 수 있다시피 귀환을 계승하는 특징을 지닌 것이 아니라, 영혼들이 자유롭게 선택하는 특징으로 설정한 플라톤의 유심론(唯心論)인——가운데서, 예를 들면 아프리카의 이론들을 구별할 수 있다.

기억과 망각은 형태에 관한 그 모든 경우들과 관련되어 있다. 아프리카 의례의 전문가들이 신생아의 몸에서 찾아내거나 청소년의 행동에서 그들이 흔적을 남겨 놓은 특징을 간파할 수 있는 것은 망자들의 신체와 용모, 그리고 성격을 회상하기 때문인 것이다. 레리스가 연구한 바와 같이 **자르(Zar)** 악마에 들린 예는 그러한 관계를 뒤바꾸는데, 말하자면 몇몇 특징들이 그와 닮은 사람이 입문자의 중요한 **자르**로서 선택되어지는 것이다. 그 두 가지의 경우(망자들에 의해 악마가 들린 것처럼 여겨지는 삶, 정령의 화신으로 간주되는 악마들림)에서 같은 것과 다른 것의 구별은 보존되지만, 그것은 동시에 상대화하고 또 변증법적으로 발전시켜 나간다. 말하자면 그것은 개별적인 사람 모두를 구성하고 있는 다원성에 속한 하나의 구성 요소, 하나의 양상에 불과한 것이다. 플라톤에게 있어서 에르 신화의 관점에서 보면 개개인의 존재는 하나(하나의 '영혼')이지만, 그는 오직 망각을 통해서만이 반복을 모면하게 된다. 지옥으로의 여행이 끝난 후에 각자가 자신의 새로운 삶을 선택하는데 그것이 그토록 새롭지는 않았던 ("그들의 조건을 선택하는 영혼들의 정경은 볼 만한 가치가 있었는데, 왜냐하면 그것은 딱하기도 하고 우스꽝스럽기도 했으며 기이했기 때문이었노라고 에르는 덧붙였다네. 사실상 대개의 경우, 영혼들은 이전의 삶의 습관들을 따라서 선택을 했던 것이거든"[50]) 것이다. 육체라는 외피의 변화였고 망각(영혼들은 지상으로 귀환하기 전에 레테의 물을 마셔야 하는데, 흔히들 너무 목이 마른 나머지 그들의 전생에 관한 기억을 모조리 다 잊어버리기 때문에)이었던, 전(全)생애가 다 똑같이 끝도 없이 반복되는 것이다. 프루스트는 혈통 안에 있는 귀환의 이교도적인 이미지들에 민감하다. 《되찾은 시간》에서 질베르트가 그녀의 어머니를 쏙 빼닮은 것은, 사람들이 늙어감에 따라 시간이 지나야만이 밖으로 모습을 드러내는 씨앗의 밑부분처럼, 드러나지 않고 그때까지 그들의 얼굴에서 감춰져 있었던 가족의 특징들이 나타나기 때문이다. 하지만 그러한 혈통의 영속성들은 개별적인 정체성 때문에 늘 위협받는 욕망과 조화를 이루지 못하고 있는 것은 아닌데, 그것은 바로 과거의 시간을 담고 있으며 이따금씩 머물러 있는 유년 시절에 사로잡혀 있는지라, 오직 육체만이 그 열쇠를 쥐고 있는 개성에 대한 욕망인 것이다.

**

"오 시간아, 네 비행을 멈추어 다오!
—— 그러지요라고 시간이 말했다. 그런데 얼마만큼의 시간

동안 말인가요?"

나는 라마르틴적인 돈호법(頓呼法)에서 이렇게 재치 있는 응답을 한 기억은 나지만, 누가 거기에 해당되는지는 알지 못한다. 혹시 지드[51]일까? 난 재치 있는 그 응답의 흔적도 찾지 못하고, 예전에 그 '저자의 말'을 이해했다고 기억하는 사람들의 입에 오르내린 문학 선생님 본인이 그것을 지어낸 것은 아닐까 궁금해하면서 《늪지대》를 훑어보았다. 이상하고 또 부정확한 것이 저자의 말이다. 왜냐하면 일시 정지된 시간이란 당연히 측정되지 않는 것이니까 말이다. 그의 매력은 바로 거기에 있는 것이다.

일시 정지된 시간의 축복, 난 그것을 예전에 스탕달을 읽으면서 발견했고, 지금까지 여러 번 읽었지만 그것의 강도가 약해지는 것 같지는 않았다. 열여덟 살의 나이에 나는 뤼시앵 뢰뱅으로서 샤틀레 부인을 주시했고, 내 두 주인공들과 더불어 시골 사람들의 질투로 빚어진 악의가 그들에게 안겨 준 **불의의** 사고들 때문에 고통스러워했다. 대체로 그들의 교류는 타인들의 시간 속에 꽉 차 있었고, 그들의 행위(뤼시앵과 샤틀레 부인은 사귀게 되었으며, 믿음과 진실함을 갈망했다가 의심하고, 사이가 소원해졌다가 다시 만났으며, 그리고 나서는 다시 멀어졌는데, 말하자면 그것은 동요, 험담, 의혹, 비극적 사건, 그리고 통속극으로서 만들어진 시간이었던 것이다)에 의해 영향을 받았다. 그러나 때때로 그 교류는 그런 것에서 자유로워졌으며, 또 순간의 기적 같은 투명함 속에서 진정되곤 했다. 말하자면 사실상 그것은 시간이 멈춰선 것과도 같은 것이다. (샤틀레 부인이 미늘덧문 뒤에서 뤼시앵을 조용히 관찰하고 있었던 동안, 뤼시앵은 매일 밤 샤틀레 부인 방의 닫힌 덧문의 창과 마주 보고 있는 반석으로 와 앉곤 했다. 땅거미가 지고 있는, 독일제 호른들이 모차르트를 연주하곤 했던 낭시 근처의 카페, 《녹색 사냥꾼》의 숲 속에서 여러 차례에 걸쳐 산책을 할 때, 드디어 "우리가 낭시로 귀환할 때쯤이면, 삶의 공허함이 다시 당신을 사로잡을 때쯤이면 당신은 내게서 보잘것없는 소위의 모습만을 보게 될 것입니다"[52]라고 말하듯, 다음날의 위협이 다가오는 것을 방치한 채 시간이 자신의 권리를 회복하는 때를 제외하고, 그들은 말하지 않고도 혹은 거의 말을 건네지 않고도 서로를 이해했던 것이다.) 스탕달에게서 행복이란 진정코 순간 속에, 그러나 사랑하는 이와의 일체감 속에서 전날도 그 다음날도 생각지 않고 함께 공유하는 순간, 즉 파브리스 델 동고와 쥘리앵 소렐은 감옥 안에서를 제외하고는 결코 단 한번도 그토록 강렬하게 느껴 보지 못하는 타인들과의 대립 관계에서의 해방감 안에 존재하는 것이다.

분명히, 그리고 거의 모순되게도 스탕달의 주인공들은 행위 (행위가 원인이 되어 다시 시작하는 것들 곁에서) 안에서 행복의 또 다른 형태를 발견한다. 그러나 그들이 사랑과 우정을 갈망하는 이상, 라 보에티[53]가 그의 《자발적인 종속에 관한 담론》에서 "세상에 얼마나 크나큰 형벌, 얼마나 지독한 고통인가! 밤낮으로 한 사람을 기쁘게 해주고자 골몰하면서 그 누구보다도 그를 믿지 않는 것은. 늘 어디서 충격을 받을지 몰라서 몰래 염탐하여 망보고 주의를 기울이는 것, 함정을 캐내고 경쟁자들의 안색을 살피며 배신자들을 꿰뚫어보려고 하는 것은"[54]이라고 표현한 근심에 다시 빠지면서 그들은 항상 계산과 음모로 이루어진 사회적 시간에서 은혜로운 몇몇 순간들을 손에 넣고자 애쓰는 것이다.

충직함과 의연함은 그것이 스탕달적인 연인들의 강박관념이나 이상(理想)이듯이, 그리고 그 두 가지 모두가 일종의 시간의 멈춤이나 적어도 파괴적인 행위의 멈춤을, 그들을 갈라 놓는 모든 것에 대한 망각, 그러니까 그들의 상호 관계와는 아무런 관련이 없는 시간들에 대한 일시적인 망각을 통해 용서하는 존재들의 화합을 암시하듯이 라 보에티에게는 진정한 우정의 시금석(試金石)들인 것이다. 존재의 일체감은 그들 각자의 의연함을 암시하고 있으므로 사람들의 이중적인 화합 혹은 시간들의 단순한 일치라고들 말할 수 있을 터인데, 말하자면 연인들은 같은 방식으로나 똑같은 순간에 서로 사랑에 빠지지 않아서 괴로워하고, 그 괴리 때문에 그때부터 사랑의 **이야기들**……이라고 부르는 것의 예기치 못한 일들, 자극적인 것, 슬픔이 발생되는 것이다.

반대로 화합의 결과들 가운데 하나는, 이야기는 멈추고 그 중간에서 똑같이 거리를 두고 있는 과거와 미래 사이의 틈 안에서, 그들이 다음날 이전의 모습으로 되돌아가거나 그 전날 그들이 가지고 있었던 모습과 차이가 있는 만큼 사람들이 변한다는 것이다. 어쩌면 그들의 본성이 실제로 표현되는 것은 오히려 그러한 희귀한 순간들 안에서라고 생각하거나 암시할 수도 있겠지만, 바로 '진정한 본성'이란 흔히 있는 그대로의 상태에서 표현될 여지가 없는 것이다. 따라서 순수한 현재들의 단편들, 그것 자체로 압축된 예외적인 순간들이 필요한 것이다. 민족학자들이 연구한 역할을 바꾸는 의례들 안에서 연기를 하는 배역들은 진실을 큰 소리로 외쳐대는데, 더 정확히 말하면 배역을 연기하는 사람들이 그들의 마음속에 담고 있는 바를 실제로 말하는 것으로, 이를테면 여자들은 다소 이상하고 거만스러운 남자들의 자만심을, 노예들은 주인들의 독단적인 가혹 행위에 대해서 부르짖고 있는 것이다. 진실을 담고 있는 그 순간들은 다른 목적을 가지고 있고, 스탕달적인 행복의 순간들인 또 다른 상황 안에 위치하고 있으나 시간과 진실의 관점에서 보면 그것들은 똑같은 성격에 속하는데, 다정하게 상대의 시선에 자신을 맡기는 그 특별한 순간에 스탕달의 주인공들은 무엇보다 먼저 그들의 사회적 역할을 버리고, 평상시같이 존재하는 것과는 완전히 다른 모습으로 보여지기를 열망하는 것이다. 왕의 분신인 노예가 얼마 동안 그의 자리를 차지하고 나서 곧 왕의 뒤를 따라 죽었던 아프리카의 몇몇 의례들같이, 이 예외적인 상태에서 멀지 않은 곳엔 때때로 죽음이라는 것이 존재하는데, 말하자면 《파름의 수도원》에서는 피해 갔으나 《적과 흑》에선 이루어졌다. 마치 조르주 바타유가 아스텍족의 희생과 의례 안에서 그 흔적을 되찾았다고 생각했던 잃어버린 내면성의 무엇인가가 사랑의 결투를 따라서 드러났던 것과도 같다.

　사회 생활에서와 같이 허구적인 이야기 속에서의 휴식, 일시적인 멈춤은 일상적인 겉모습에 대한 그러한 포기를 의미하고 있는 것은 아닐까? 서부 영화의 이미지가 바로 그러하다. 예를 들면 무뚝뚝한 기병대의 대장이 그의 역할과 의무감 때문에 그때까지 냉담하게 대할 수밖에 없었던 여인에게 자신의 감정을 고백하는 것은 언제나 죽음의 위협에 처해 있는, 최후의 결투

전날 밤(인디언 전사들의 노래와 함성들이 울려 퍼지는 그 밤)이다. 전쟁 영화들이나 보다 최근의 재난 영화들에서 미국 영화는 기쁠 때나 슬플 때나, 인물들이 사회적인 겉치레 때문에 요란하게 치장하고 있는 존재의 가식 없는 진실을 밝히는 것을 목격하는 두려움(그러니까 거의 **서스펜스**와 일체가 되는 긴박함)과 기대에 찬 그 순간들에 지나치게 열광하고 있다. 사회적인 삶 그 자체(그러한 점에서 패러다임적 가치를 지니는 1968년의 사이코 드라마)에서는 마치 일부 주민들이(나머지 사람들에게는 안된 일이지만) 갑자기 열광적으로 평상시의 상태에서 벗어나기라도 한 듯, 그 권태로움 가운데서도 도시가 축제의 분위기를 내기엔 파업이나 환경 오염의 날로는 충분하지 않은 것일까?

자기 자신을 망각하는 것, 반복하는 분위기에서 생각하는 걸 망각하는 것, 그것은 고독한 개인의 독서에 제공되는 그것을 포함해서, 뿐만 아니라 그 모든 형태를 품고 있는 허구적 이야기를 허용하는 것이다. 문학이론가들은 이야기의 시간들이 과거('옛날 옛날에……')의 시간이었으며, 이렇게 획득한 일상적인 일의 '중단'이 독자의 '이완'에 유리하게 작용했다는 것을 주목한 바 있다. 그러나 이러한 '이완' 자체도 사회적 정체성의 일부 혹은 전부를 일시적으로 포기함으로써 가능하지 않을까? 허구의 문학(축제나 사랑처럼)은 그러한 의미에서 언제나 잠재적으로 반체제적인 것은 아닐까?

*
**

　우리는 모두 시작의 장엄함에, 현재가 작동시키는 미래에 대해서 아직 아무것도 드러내지 않은 채 과거로부터 해방되는 순간들의 특별한 자질에 민감하다. 극도로 발달된 도시 생활의 썩 아름답지 못한 경관들(공항, 주차장, 익명의 모습들이 끊임없이 교차하는 콘크리트로 포장된 광장들) 안에 매력적인 데가 있다는 것, 그것은 그 쓸쓸함과 황폐함 너머로 이제 막 윤곽이 잡힌 기사도 소설들에서 나오는 거의 추상적인 공간들과 무의식적인 동질성에서 찾을 수 있는데——그것은 '싹트기 시작하는 애정의 유혹'에 다시 한 번 빠져들게 할 만남을 찾고 있는 돈 후안이 이동하는 가장 낮은 곳의 그것과 흡사한 경관이기도 하다. 때때로 우리의 마음을 동요시키는 재생과 만남에 대한 그 모호한 욕망을 언젠가 상실해야만 한다면, 우리는 시간도 되기 전에 멀리서 '관망할 수 있는' 것 전부와 동반하는 시적(詩的)인 힘을 그런 식으로 죽음 자체에서 빼앗아 버림으로써, 그것을 깨닫지도 못한 채 죽지 않게 되는 것은 아닐까?

　스무 살이었던 때, 나는 무조건적으로 쥘리앵 그락[55]을 좋아했었다. 그리고 지금 난 그의 초기 소설들 가운데 두세 편이 너무 '시대에 뒤떨어지지' 않는다고 확신하지는 않더라도 오래 전에, 혹은 최근에 씌어진 그 대목들 가운데 어떤 것들은 내가 생각하기엔 그것이 불러일으키는 감동을 통해서 공간들·순간들을 회상시키는 힘을 고스란히 간직하고 있다고 본다. 그러므로 그 기적은(그 대목들이 생명력을 잃지 않도록 해주는 그것) 어제처럼 오늘도 글쓰기가 독자의 시선 안에서 가깝게 만드는 독특하고 다른 경험들 가운데서 그 대목들이 허용하는 만남으로부터 싹트는 것이다. 그것은 관객이 '통상적으로 내면의' 이미지들을 발견했다고 여기는 몇몇 영화의 영상에 관해 크리스티앙 메츠[56]가 거론했었던 '작은 기적' —— '너무도 평범한 고독'[57]을 깨뜨리는 효과를 가졌노라고 말한 기적——인 것이다. 그것은 우리가 그것의 저자가 될 수 있거나, 아니면 적어도 그것의 저자가 되었으면 좋겠다고 자연히 생각하게 되는 대목들과 영상들인 것이다. 탁월하다는 것 이상으로 프루스트가 우리로 하여금 귀환의 경험을 공유케 했다면, 스탕달은 중단 상태의 경험을, 그락은 가장 정확히 말해서 우리를 시작의 경험에 동참케 하는 사람이다.

이러한 시작의 경험을 그는 '여행'이라고 부르는데, 그러나 그 단어를 사용하면서 그는 탐험이나 낯섦이 아니라 그 무엇보다 '출발'을 생각한다. 말하자면 "보들레르가 그것에 대해 잘 알고 있었듯이 무엇보다도 출발한다는 것이다. 몹시도 불확실한 여행들에 관한 것이고 출발들, 그 어떠한 도착도 그것을 결코 부인할 수 없을 그렇게 많은 출발들에 관한 것이다……."라디오로 방송되었고, 이후에는 선집(選集) 《더 좋아하는 것들》에 재수록되었던 텍스트 〈눈을 크게 뜨고〉에서 채택되었던 예문은 대형 여객선을 진수하는 것이다. "마지막 손 기중기들을 들어올리자 선박의 늑재는 한동안 이것이 정말로 움직이는 건가 아닌가 …… 하고 의아하게 생각할 정도로 끔찍하게 느린 속도로 미끄러지듯 움직이기 시작한다. 출발의 느낌 안에서 무엇보다 날 감동시킨 것을, 난 그것으로 인해 생생히 이해할 수 있었다. 거의 밀리미터 단위의 이러한 진동 뒤에는 엄청난 **압력**이 있었다는 것을 갑자기 느끼게 되었고 **깨달았던** 것이다." 그락의 상대방은 대담에서 나온 그 대목을 다음과 같이 적절한 표현으로 결론짓는다. "요컨대 행선지에 대한 느낌이라기보다는 출항 준비에 대한 느낌이다."[58]

가장 일반적인 양상 안에서 의례가 열광적으로 끝이 나고, 형식적인 반복의 지루함에 빠지지 않을 때 역시 하나의 '출항 준비' 같은 무엇인가를 가지고 있는데, 이를테면 행동의 순서를 정하고 일에 대한 상세한 설명을 하며 시간을 요하는 등의 출발 **준비**를 떠올리게 하는 것이다. 여행의 은유란 흔히 의례와 연결되어 있고, 때로는 죽음의 은유와 짝을 이루고 있기 때문이다. 입문자나 서아프리카에서 새로운 가문에 동화된 노예의 상징적인 '죽음의 상태'는 새로운 삶의 시작을 목적으로 삼고 있다. 의례는 희생을 통해서 통과되고, 항상 여행에 관한 놀라운 것(악마에 들리기, 신들의 기습, 샤먼의 여행, 꿈)을 소유하고 있는 신들과 조상들과의 관계가 때로는 유혈의 관계라는 것도 알고 있다. 의례가 끝난 후에는 실패의 대가를 치르는 조건으로, 모든 것은 '다시 시작'하기로 되어 있는 것이다. 그렇기는 해도 시작의 개념을 받아들이는 사람은 끝의 개념도 받아들여야 하는 법, 매우 진실된 다시 시작하기에 필요한 과거의 망각으로 말하자면 그것은 미래의 모든 예고들을 배제하고 있다. 그리고 이러한 근본적인 불확실성의 필요성은 모든 문화들 안에서 증명된 역전을 따르자면, 죽음 그 자체가 어쩌면 하나의 재시작으로서 해석될 수 있다는 것을 표현하고 있는지도 모른다. 모든 문제는 물론 죽음의 본성에 관해 스스로 질문을 제기하는 일이 어떤 의미가 있는 것인지 아닌지를 깨닫는 데 있다. 하지만 진정으로 그것을 이해하고자 하는 사람에게 죽음은 그것이 시작과 더불어 공유하는 것으로만이 정의 내려지는데, 바로 미지의 세계가 그것이다. 보들레르는 여전히 이렇게 말하고 있지 않은가.

"오 죽음, 노선장, 시간이 되었네, 닻을 올리게!"[59)]

망각의 의무

 오늘날 매우 빈번하게 사용되고 있는 '기억의 의무'라는 표현은 어느만큼의 모호함을 동반하고 있다. 우선 그 의무를 따라야 하는 사람들은 당연히 관련된 기억을 간직하기를 요구하는 사건들의 직접적인 희생자들이나 증인들이 아니었던 사람들이다. 대량 학살이나 수용소의 참혹함에서 살아남은 사람들이 기억의 의무를 상기시킬 필요가 없다는 것은 자명한 일이다. 그들의 의무는 오히려 그들과 관련되어 있었던 말로 표현할 수 없는 경험의 끊임없는 영향력으로부터 벗어나 기억을 견디며 살아가는 것일 수도 있다. 유년 시절 나는 참호 안에서의 생활을 회상하며 혐오스러워하는 할아버지 때문에 충격을 받았는데, 그는 죽음의 수용소에서 살아남은 사람들이 가지는 신중함이나, 그들이 겪었던 것을 회상하도록 최종적으로 선택된 바로 그 사람들에게 필요한 장기간의 유예 기간으로 해서 똑같은 신념의 흔적을 기억해 낼 수 있을 것같이 보였다. 즉 끔찍한 경험의 희생자들이 아니었던 사람들은 그들의 선의와 연민이 어떻든간에 상상할 수 없지만 단지 살아남은 것이 아니라, 다시 살아가고 싶다면 그것을 겪었던 사람들도 마찬가지로 그의 몫을 망각에 나누어 줄 수 있어야 하고, 그들 시대에 대한 냉정함과 일상적인 삶 안에서의 믿음을 되찾기 위해서는 파스칼적인 의미로 바보가 될 수 있어야 하는 것이다.

기억에 대한 의무는 후손들에 대한 의무이며, 그것은 추억과 경계라는 두 가지 양상을 가지고 있다. 경계란 추억의 현실화, 과거와 닮을 수 있을 만한 것을 현재 안에서 상상하거나, 뿐만 아니라(하지만 오직 생존자들만이 그것을 할 수 있을 것인데, 그들은 매일 점점 더 그 수효가 줄어들고 있다) 현재처럼 과거를 기억하려는 보잘것없는 일상의 진부함 속에서 무수히 많은 끔찍스러운 형태를 발견하기 위해 그곳으로 귀환하려는 노력이다. 그렇더라도 공식적인 기억은 기념물들이 필요한 법이다. 이를테면 죽음과 참사를 미화하는 노르망디의 훌륭한 묘지에는(언젠가는 집단 수용소를 모두 대신하게 될 수도원·소성당 혹은 미술관들이라고까지는 말하지 않더라도) 교차되어 있는 작은 길을 따라 묘석들이 정렬되어 있다. 아무도 이 정돈된 아름다움에 마음이 뭉클해지지 않는다고 말할 수는 없을 테지만 그것이 일으키는 감동은 형식이 주는 조화로부터, 하얀 십자가들의 차려 자세 안에 정지되어 있는 망자들로 구성된 부대의 인상적인 광경으로부터 때로는 방문객들 가운데 가장 나이 든 사람들에게서 그들이 그곳과 관계를 맺는 이미지나, 이제 반세기도 더 전에 사라진 친지나 동료들에게서 나오는 것이다. 왜냐하면 그 아름다움은 전투의 격렬함도 인간의 공포도 노르망디에 묻혀 있는 군인들이 실제로 겪었으며, 그리고 그들 편에 서서 싸웠던 바로 그 사람들조차 거대한 군인 묘지의 기하학적인 장엄함과 이미지들, 사건들, 그리고 이야기들이 그들의 기억 속에서 쌓여 갔던 그 기나긴 세월들을 망각한다는 조건에서만 사라져 버린 명백한 사실을 잠시나마 되찾게 바랄 수 있을 뿐인 과거의 무엇인가를 재현해 줄 만한 것이 전혀 떠오르지 않기 때문이다.

 기억과 망각은 서로 굳게 결속되어 있고, 그 둘 다 전적으로 시간 사용법이 필요하다. 몽테뉴는 분명히 "모든 것에는 그 때가 있다"고 말하고 있으며, '나이만큼 들어 보이고' 싶지 않은 것이 현명하지도 유익하지도 않은 것은 틀림없지만 그것을 가볍게 여기고 나이에 자신을 맞추며, 그것에 종속되고 부분적으로 삭제되었거나 변조된 과거에 대한 향수와 장래성 없는 미래의 끔찍함 사이 어딘가에서 오던 길을 멈추는 것은 훨씬 더 무의미한 짓이다. 여기서는 지력의 훈련, 수행, 변화의 능동적인 겸손함을 위해서 확고한 입장의 고상한 멜랑콜리에 반대하게 될 것이다. 기억도 호기심도 잃어버리지 않기 위해서는 망각해야 한다는 걸 망각하지 않으려는 상상력(그것은 우리 모두를 위협한다)의 경직증과 싸우고자 하는 사람들을 격려해 주게 될 것이다.

 망각은 그것이 모든 시제들과, 이를테면 시작을 체험하기 위해선 미래와, 순간을 즐기기 위해선 현재와, 귀환을 실천하기 위해선 과거와, 반복하지 않기 위해선 그 모든 경우와 결합할지라도 우리를 현재로 귀착시킨다. 그러니 현재에 계속 속해 있으려면 망각해야 하고, 죽어가지 않기 위해선 망각해야 하며, 변함없이 남아 있기 위해선 망각해야 한다.

각 주

1) Castillan: 스페인의 주(州)인 카스티야 사람, 혹은 카스티야어(현재의 표준 스페인어)를 의미한다. 〔역주〕

2) Georges Devereux, 《모하비 인디언들의 민족정신의학 Ethnopsychiatrie des Indiens mohaves》, Paris, Ed. Synthélabo, 1996.
드브뢰(1908-85): 헝가리계의 미국 정신분석학자이며 민족학자. 문화인류학의 대표자로서 신경증의 사회 문화적 요인에 대하여 연구했다. 〔역주〕

3) Togo: 아프리카 서부 기니 만(灣)에 있는 나라로서 정식 명칭은 토고공화국이다. 〔역주〕

4) Bénin: 정식 명칭은 베냉인민공화국(République Populaire du Bénin)으로, 토고와 마찬가지로 아프리카의 서부 기니 만에 위치해 있다. 약 60여 개의 중소 부족으로 구성되어 있으나 남부 지방에 거주하는 폰족이 전체의 60퍼센트 정도를 차지하고 있다. 프랑스어가 공용어이고, 폰어가 모국어이다. 〔역주〕

5) 부두신/부두교(Vodu/Voodoo): 서인도 제도의 아이티에서 널리 믿어지고 있는 애니미즘적 민간 신앙. 넓은 뜻으로는 서인도 제도와 미국의 흑인들 사이에 행해지는 악마 숭배, 주물 숭배, 주술 등을 포함하는 관습을 말하기도 한다. 아이티의 부두교는 아프리카 서부에서 서인도 제도로 팔려 온 흑인 노예들이 퍼뜨렸기 때문에, 초자연에 관한 개념은 아프리카에서 유래한다. 부두교의 중심을 이루고 있는 것은 로아(Loa)라고 하는 정령과 사령(死靈)에 대한 숭배이다. 로아는 주로 아프리카의 신들이지만 가톨릭의 성인(聖人)과도 동일시되고, 때로는 그들 자신이 로아의 신으로 숭배되는 경우도 있다. 의식은 밤중에 특정의 장소에서 행하고, 동물들을 산 제물로 바친다. 이 의식에서 행해지는 성스러운 북 리듬에 맞추어 추는 춤이나 로아에 홀렸을 때의 엑스터시 상태는 유명하다. 〔역주〕

6) Littré(Maximilien Paul-Émile, 1801-1881): 프랑스의 철학자·문헌학자이자 정치인. 그리스어·산스크리트·아랍어 등을 연구했으며, 수많

은 사전 편찬과 학술 작업에 종사했다. 대표적인 저서로 《프랑스어 사전》(1863-1872)이 있다. 〔역주〕

7) 디에제즈(diégèse): 문학 작품에 적용됐던 신비평 용어. 화자의 시점에서 독립되어 전개되는 사건들의 이야기를 의미하는데, 흔히 '이야기(Histoire)'라고 불린다.

8) Malherbe(François de, 1555-1628): 프랑스의 시인. 플레야드 시인들이 추구했던 과잉의 풍요로움과 대중적인 표현을 배척하고, 언어 본래의 순수함과 단순성을 주장했다. 작시법에 있어서는 몰개성적인 문체와 형식의 엄격성을 강조하여 고전주의를 예고하였다. 〔역주〕

9) J. -B. Pontalis, 《흐르지 않는 그 시간 Ce temps qui ne passe pas》, Paris, Gallimard, 1997.

퐁탈리스: 프랑스의 정신분석학자. 저서엔 《프로이트를 따라서》가 있다. 〔역주〕

10) Supervielle(Jules, 1884-1960): 우루과이 태생의 프랑스 시인이자 소설가. 생전에 자주 찾았던 남미의 팜파스와 대양의 공간에 대한 추억은 그의 작품 세계의 모태가 된다. 시집으로 《중력》·《팜파스의 사람》이 있으며, 그밖의 작품으로 《외양(外洋)의 후예》가 있다. 〔역주〕

11) Robert Sabatier: 프랑스의 시인·소설가. 시집으로 《미래의 새》·《태양의 축제들》·《독서》가 있으며, 소설로 《여름의 아이들》이 있다. 〔역주〕

12) Ricœur(Paul, 1913~): 프랑스의 철학자. 카를 야스퍼스의 실존주의, 후설의 현상학의 영향을 받았으며, 의지의 심리적이고 윤리적이며 형이상학적인 문제들을 분석했다. 그리스도교적인 사상가로서 악과 추락에 대한 성서적 신화들의 의미를 해명하였고, 정신분석학을 도입한 철학과 해석(해석학)을 토대로 한 상징적 언술의 특징과 조건을 파악코자 하였다. 주요 저서로 《악의 상징》·《생생한 은유》·《텍스트에서 행위로》, 그리고 《시간과 이야기》 1·2·3권이 있다. 〔역주〕

13) Clifford Geertz: 미국의 인류학자. 1926년생. 상징인류학 연구자로서, 사람들이 상징을 통하여 자신들의 세계를 정의하며 또한 이를 우주에 대한 자신들의 모델로 변형시킨다고 주장했다. 그에 의하면 종교란 인간의 존재, 인간이 존재하는 이유, 삶의 본질, 그리고 인간이 가진 세계관을

상징하고 해석하는 것이다. 주요 저서로 《문화의 해석》·《종교 연구에 있어서의 인류학적 접근》·《문화적 체계로서의 종교》가 있다. 〔역주〕

14) Paul Ricœur, 《시간과 이야기 Temps et récit》, Paris, Points Seuil, 1983.

15) Jean le Bon à Poitier: 1350-1364년 사이에 프랑스를 통치했던 왕. 영국과의 전쟁과 내전으로 혼란스러웠던 그 시기 동안 그는 푸아티에에서 수 년간 포로 생활을 했다. 〔역주〕

16) George Bataille(1897-1962): 프랑스의 작가. "진정한 문학은 프로메테우스적이다"라고 여긴 그는 고뇌와 열기 속에서 인간 존재를 문제삼는 작품들을 발표했다. 기독교·마르크시즘·사회학·정신분석학, 동양의 신비주의 등에서 빌려 온 다양한 기법의 위반이라는 개념으로 사회와 역사, 그의 신비적 경험, 그리고 문학을 해석하고 있다. 저서로는 《눈 이야기》·《에드와르다 부인》 등의 소설집과 《문학과 악》·《내면의 체험》·《죄인》 등이 있다. 〔역주〕

17) Johannes Fabian, 《시간과 타인들 Time and the Others》, New York, Columbia University Press, 1983.

18) Stendhal(본명은 Marie-Henri Beyle, 1783-1842): 프랑스의 작가. 18세기 전통에 부합하는 '관념론자' 세대에 속하며 스스로를 무신론자, 급진파임을 주장했다. 사실주의 계열에 속하는 그의 소설들은 왕정 복고와 7월 왕정 시대의 프랑스에서 정치적·사회적 세력 작용을 등장시키고 있다. 정치적 권모 술수를 다룬 《뤼시앵 뢰뱅》, 종교의 속임수를 고발한 《적과 흑》이 그러하며, 정의와 권력을 갈구하면서 최후의 순간에 부패한 사회와 타협하기보다는 죽음을 택하는 평민 청년들과 지식인들을 그리고 있다. 그는 '가장 위대한 세기적인 심리분석가'로 평가되며, 개인을 중심으로 하는 문화의 토대를 이루는 자의식과 자기 본위의 쾌락을 지지하는 명석한 거장의 모습으로 비쳐지고 있다. 그밖의 작품으로는 《아르망스》·《라미엘》·《파름의 수도원》·《연애론》이 있다. 〔역주〕

19) Evans-Pritchard(1902-73): 영국의 사회인류학자. 영국의 식민 정책과 인류학과 관련한 응용인류학의 중요성과 의미를 제기했으며, 영국 사회인류학의 토대를 구축했다. 저서로 《사회인류학》·《누에르족》·《응용인류학》, 그리고 《아잔데족의 마법, 신탁, 그리고 주술》이 있다. 〔역주〕

20) 아잔데족(Azand): 북아프리카에 거주하는 종족의 이름이다. 〔역주〕
21) Jean-François Lyotard: 현대 프랑스 철학자. 질 들뢰즈 · 펠릭스 가타리와 더불어 '욕구의 형이상학'에 기여했다. 저서엔 《리비도 경제학》·《마르크스와 프로이트로부터의 표류》·《비인간적인》·《유년기의 독서》 등이 있다. 〔역주〕
22) J. -P. Vernant, 《신화와 정치 사이에서 Entre mythe et poltique》, Paris, Seuil, 1996.
베르낭: 콜레주 드 프랑스의 명예 교수. 저서로 《그리스인들에게 있어서의 신화와 사고》·《고대 그리스에서의 신화와 사회》가 있다. 〔역주〕
23) W. Benjamin, 〈이야기꾼, 니콜라스 레스코프의 작품들에 대한 성찰들 Le Norrateur. Réflexions sur l'œuvre de Nicolas Leskov〉, 《라스텔리는 이야기한다……. 그리고 다른 이야기들 Rastelli raconte…… et autres récits》, Paris, Seuil, 1987.
24) Josephe Conrad(1857-1924): 폴란드계의 영국 소설가. 리듬과 단어에 대한 타고난 감각으로 모국어가 아닌 영어에서 자신의 문체를 만들어 냈다. 주요 작품으로는 선원 생활과 젊은 시절 여행의 경험이 주축이 된 《로드 짐》과 그밖에 《노스트로모》·《어둠의 한가운데》가 있다. 〔역주〕
25) Propp(Vladimir Iakovlevitch, 1895-1970): 옛 소련의 민속학자이며 이야기 이론가. 현대 서사학의 선구자로서 저서엔 《이야기의 형태학》·《기담(奇談)의 역사적 뿌리들》이 있다. 〔역주〕
26) P. Ricœur, op. cit., t. 2, 78.
27) V. J. Propp. Morphologie du conte, Paris, Seuil, 1970.
28) Caillois(Roger, 1913-78): 프랑스의 평론가. 부에노스아이레스의 프랑스어연구소를 세웠으며, 프랑스에 스페인 문학을 번역하여 소개하는 데 공헌했다. 사회학회의 설립자이기도 하다. 현대 사회와 문명에 대한 준엄한 비판을 하면서 사회학과 미학을 다루고 있는 수많은 평론들을 남겼다. 저서엔 《신화와 인간》·《인간과 성(聖)》·《유희와 인간》이 있다. 〔역주〕
29) Rougemont(Denis de, 1906-85): 프랑스어로 저술한 스위스의 작가. 엠마뉴엘 무니에와 함께 인격주의 잡지 《에스프리》를 창간했다. 유럽 정신의 위기에 대해서 분석했으며, 1950년 제네바에서 유럽 문화 센터를

설립했다. 저서로는 《어느 실업자 지식인의 일기》·《사랑과 서양》·《유럽인에게 보내는 공개 서한》이 있다. 〔역주〕

30) M. Leiris, 〈공다르의 에티오피아인에게 있어서 신들림과 그것의 연극적인 양상들 La possession et ses aspects théâtraux ches les Éthiopiens de Gondar〉, *Miroir de l'Afrique*, Paris, Gallimard, 1996.

미셸 레리스: 1901년생으로 프랑스 민족학자이자 작가. 저서로 《오로라》·《민족학에 대한 다섯 편의 연구》·《성년》·《경기의 규칙》 등이 있다. 〔역주〕

31) Bolívar(Simón Jugé Antonio, 1783-1830): 남아메리카 장군이며 정치가. 1819년 보야카 전투의 승리로 스페인으로부터 베네수엘라를 해방시키는 데 결정적인 역할을 했다. 콜롬비아공화국의 선포 이후 페루에서의 승전들은 1825년 볼리비아 창건을 가져왔고, 그는 그때부터 볼리바르로 불리게 되었다.

32) Marcel Gauchet, 《세계에 대한 환멸 Le Désenchantement du monde》, Paris, Gallimard, 1985.

33) Reggiani(Serge, 1922~): 프랑스의 배우·연기자이며, 1962년부터 가수로서도 활동했다. 〔역주〕

34) 페넬로페는 구혼자들을 물리치기 위해서 자신의 시아버지의 수의(壽衣)를 짜고 다시 푸는 작업을 반복한다. 〔역주〕

35) Alexandre Dumas(1802-1870): 프랑스의 작가. 그는 연재 소설 형태나 3부작으로 작품을 발표했는데, 그 중의 하나가 루이 13세 시대를 회고한 《삼총사》·《20년 후》 그리고 《브라즐론 자작》이다. 《몽테 크리스토 백작》은 그에게 대단한 대중적인 성공을 가져다 준 작품이며, 무엇보다도 그는 자신의 작품 안에서 파란만장한 이야기의 줄거리를 이끌어 가는 후세에 길이 남을 인물들을 생생히 묘사했다. 〔역주〕

36) Paris, *Livre de poche*, 1973, t. 1, p.327.

37) *Ibid.*, t. 3, p.221.

38) *Ibid.*, p.280.

39) *Ibid.*, p.521.

40) Proust(Marcel, 1871-1922): 프랑스의 작가. 지적 관심이 충만한 중산층 가정에서 태어나 일찍부터 문학에 눈뜨게 된다. 시를 함께 기재한

서정적 에세이 《즐거움과 나날》과 자서전적 소설인 《장 상퇴유》를 출간하고, 여러 편의 평론들을 잡지에 발표하는 등 활발한 문학 활동을 벌인다. 특히 영국의 미학자인 존 러스킨의 작품들에 매료되어 그의 저서인 《참깨와 백합》을 번역·출간한다. 러스킨의 미학과 세계관에 깊이 영향을 받은 프루스트는 그때부터 예술을 통해서 무의식에 묻혀 있는 현실의 정수를 포착하기 위하여 시간의 법칙에서 벗어나 인간의 사유(思惟)로서 재창조하려는 시도를 하게 된다. 그 시도의 결실인 《잃어버린 시간을 찾아서》는 문학적 경험에 대한 하나의 확인이자 형이상학적인 시도의 상징이고, H. 제임스·J. 조이스와 더불어 현대 산문의 기원에 중요한 획을 긋고 있다. 그밖의 작품으로는 평론집인 《생트 뵈브에 대한 반론》과 방대한 양의 《서신 교환집》이 있다. 〔역주〕

41) 원제목은 *À la recherche du temps perdu*인데, 저자가 편의상 *Recherche*로 표기했다. 따라서 앞으로 계속 원제목에 따라 옮길 것이다.

42) P. Ricœur, *op. cit.*, t.2, p.281.

43) *Ibid.*, p.283.

44) *Albertine disparue*, Paris, Folio-Gallimard, 1992, p.268.

45) François I^{er}(1494-1547): 프랑스 르네상스기의 국왕으로서 32년간의 치세 동안 왕권을 강화했다. 문예의 보호자요 멋쟁이였던 그는 콜레주 드 프랑스를 설립했고, 라블레와 마로 같은 문인들을 보호했으며, 레오나르도 다빈치의 작품을 사고, 퐁텐블로 성과 샹보르 성을 세웠다. 그의 궁정은 화려함과 예술적 기풍으로 충만했다고 전해진다. 〔역주〕

46) *Petit Larousse illustré*: 삽화가 실린 프랑스의 백과사전이다. 〔역주〕

47) Fernandel(1903-1971): 1940년대에 큰 대중적 인기를 얻었던 프랑스의 영화 배우. 특유의 익살스러움으로 마르셀 파뇰의 영화에서 두각을 나타냈다. 출연작으로 《앙젤》, 돈 카밀로 시리즈가 있다. 〔역주〕

48) Pierre Verger, 《바이아에서 오리사들과 보둔 숭배에 관한 주해들, 브라질과 아프리카에 있는 옛 노예 해안에서 모든 성인들의 작은 만(灣) *Notes sur le culte des Orisa et Vodun à Bahia, la baie de tous les saints, au Brésil et à l'ancienne côte des esclaves en Afrique*》, Dakar, IFAN, 1957.

49) Stroheim(Eric Oswald von, 1885-1957): 오스트리아계 미국의 영화

감독이자 배우. 사실주의와 격렬함·잔혹함이 뒤섞여 있는 그의 작품은 로마네스크적인 이야기와 심리적 시간의 의미를 영화에 도입했다. 감독으로서의 주요 작품으로는 《어리석은 부인들》·《즐거운 과부》·《결혼 행진곡》이 있으며, 미국으로 건너간 뒤 배우로서의 경력을 쌓았다. 출현작으로 《위대한 환상》이 있다. 〔역주〕

50) *La République*, Paris, Flammarion, livre X, p.385.

51) Gide(André, 1869-1951): 프랑스의 작가. 초기 작품들에서 보여지는 나르시시즘적이며 가식적 성향, 도덕적 취향, 난해한 상징주의의 영향에서 벗어나 자신의 독창성을 확립한다. 《늪지대》는 문학적 사교 활동을 거부하고 사회적·가정적 관례의 사슬을 끊어 버리려고 한 작품이며, 《지상의 양식》은 아름다움, 자기 중심주의, 젊은 육체의 환희 등 모든 속박에서 벗어나려는 도피의 찬가이다. 그의 작품들에서 볼 수 있는 견유주의가 농후한 자기 중심주의를 비방하는 뜻에서 흔히 지디즘(Gidisme)이라고 부른다. 그렇지만 지드의 작품 안에는 개인적 자유의 정당성을 주장하고(《배덕자》·《교황청의 지하도》), 도덕주의자의 면모를 보이며(《한 알의 밀이 죽지 않는다면》·《좁은문》), 사회적 현실의 악덕을 자각케 하는 불안의 조성자(《콩고 여행》·《소련에서 돌아와》)를 자청하는 등장 인물들이 그만의 긍정적 가치를 전달해 주고 있다. 〔역주〕

52) Stendhal, *Lucien Leuwen*, Paris, Folio-Gallimard, 1, p.348.

53) La Boétie(Etienne de, 1530-1563): 프랑스의 작가. 놀라운 조숙함으로 18세에 전제 정치를 규탄하는 이론서인 《자발적인 종속에 대한 담론》을 저술했다. 진정한 '영혼의 결합'이라고 일컬어지는 몽테뉴와의 우정으로 널리 알려져 있다. 〔역주〕

54) La Boétie, 《자발적인 종속에 대한 담론 *Discours de la servitude volontaire*》, Paris, Mille et une Nuits, p.47.

55) Julien Gracq(1910~): 프랑스의 작가. 역사와 지리 교수이기도 했던 그는 자신의 작품에서 인간에게 있어서 지리적 환경의 영향을 강조했다. 낭만주의적이며 초현실주의자적인 경향이 강한 작품들, 중세기의 전설과 독일의 낭만주의 이야기에서 소재를 빌려 온 작품들을 남겼다. 그락에게 있어서 언어란 세계와 연대감을 느끼고 그것을 신비주의적으로 이해하는 도구이다. 작품으로 《낚시꾼 왕》·《아르골의 성에서》·《반도》 등

이 있다. 〔역주〕

56) Christian Metz: 프랑스 영화평론가. 저서엔 《영화에 있어서 의미에 관한 평론》 1·2권, 《언어와 영화》·《기호학의 평론》·《상상적인 것의 기표》가 있다. 〔역주〕

57) C. Metz, 《상상적인 것의 기표 Le signifiant imaginare》, Paris, Bourgois, 1993, p.167.

58) J. Gracq, Préférences, Corti, 1961, p.61.

59) 보들레르의 《악의 꽃》 '죽음' 편에 실린 〈여행〉의 한 행이다. 〔역주〕

김수경
단국대 불어불문학과 졸업
프랑스 프로방스대학교에서 문학석사 이수
역서: 《에따블리》《르느와르/영원한 여름의 화가》

망각의 형태

초판발행 : 2003년 6월 10일

지은이 : 막 오제
옮긴이 : 김수경
총편집 : 韓仁淑
펴낸곳 : 東文選
제10-64호, 78. 12. 16 등록
110-300 서울 종로구 관훈동 74번지
전화 : 737-2795

편집설계 : 劉泫兒 李娅旲 李惠允

ISBN 89-8038-130-1 04380
ISBN 89-8038-050-X(현대신서)

【東文選 現代新書】

1 21세기를 위한 새로운 엘리트	FORESEEN 연구소 / 김경현	7,000원
2 의지, 의무, 자유 — 주제별 논술	L. 밀러 / 이대희	6,000원
3 사유의 패배	A. 핑켈크로트 / 주태환	7,000원
4 문학이론	J. 컬러 / 이은경·임옥희	7,000원
5 불교란 무엇인가	D. 키언 / 고길환	6,000원
6 유대교란 무엇인가	N. 솔로몬 / 최창모	6,000원
7 20세기 프랑스철학	E. 매슈스 / 김종갑	8,000원
8 강의에 대한 강의	P. 부르디외 / 현택수	6,000원
9 텔레비전에 대하여	P. 부르디외 / 현택수	7,000원
10 고고학이란 무엇인가	P. 반 / 박범수	8,000원
11 우리는 무엇을 아는가	T. 나겔 / 오영미	5,000원
12 에쁘롱 — 니체의 문체들	J. 데리다 / 김다은	7,000원
13 히스테리 사례분석	S. 프로이트 / 태혜숙	7,000원
14 사랑의 지혜	A. 핑켈크로트 / 권유현	6,000원
15 일반미학	R. 카이유와 / 이경자	6,000원
16 본다는 것의 의미	J. 버거 / 박범수	10,000원
17 일본영화사	M. 테시에 / 최은미	7,000원
18 청소년을 위한 철학교실	A. 자카르 / 장혜영	7,000원
19 미술사학 입문	M. 포인턴 / 박범수	8,000원
20 클래식	M. 비어드·J. 헨더슨 / 박범수	6,000원
21 정치란 무엇인가	K. 미노그 / 이정철	6,000원
22 이미지의 폭력	O. 몽젱 / 이은민	8,000원
23 청소년을 위한 경제학교실	J. C. 드루엥 / 조은미	6,000원
24 순진함의 유혹 〔메디시스賞 수상작〕	P. 브뤼크네르 / 김웅권	9,000원
25 청소년을 위한 이야기 경제학	A. 푸르상 / 이은민	8,000원
26 부르디외 사회학 입문	P. 보네위츠 / 문경자	7,000원
27 돈은 하늘에서 떨어지지 않는다	K. 아른트 / 유영미	6,000원
28 상상력의 세계사	R. 보이아 / 김웅권	9,000원
29 지식을 교환하는 새로운 기술	A. 벵토릴라 外 / 김혜경	6,000원
30 니체 읽기	R. 비어즈워스 / 김웅권	6,000원
31 노동, 교환, 기술 — 주제별 논술	B. 데코사 / 신은영	6,000원
32 미국만들기	R. 로티 / 임옥희	10,000원
33 연극의 이해	A. 쿠프리 / 장혜영	8,000원
34 라틴문학의 이해	J. 가야르 / 김교신	8,000원
35 여성적 가치의 선택	FORESEEN연구소 / 문신원	7,000원
36 동양과 서양 사이	L. 이리가라이 / 이은민	7,000원
37 영화와 문학	R. 리처드슨 / 이형식	8,000원
38 분류하기의 유혹 — 생각하기와 조직하기	G. 비뇨 / 임기대	7,000원
39 사실주의 문학의 이해	G. 라루 / 조성애	8,000원
40 윤리학 — 악에 대한 의식에 관하여	A. 바디우 / 이종영	7,000원
41 흙과 재 〔소설〕	A. 라히미 / 김주경	6,000원

42 진보의 미래	D. 르쿠르 / 김영선	6,000원
43 중세에 살기	J. 르 고프 外 / 최애리	8,000원
44 쾌락의 황포·상	J. C. 기유보 / 김웅권	10,000원
45 쾌락의 황포·하	J. C. 기유보 / 김웅권	10,000원
46 운디네와 지식의 불	B. 데스파냐 / 김웅권	8,000원
47 이성의 한가운데에서 — 이성과 신앙	A. 퀴노 / 최은영	6,000원
48 도덕적 명령	FORESEEN 연구소 / 우강택	6,000원
49 망각의 형태	M. 오제 / 김수경	6,000원
50 느리게 산다는 것의 의미·1	P. 쌍소 / 김주경	7,000원
51 나만의 자유를 찾아서	C. 토마스 / 문신원	6,000원
52 음악적 삶의 의미	M. 존스 / 송인영	근간
53 나의 철학 유언	J. 기통 / 권유현	8,000원
54 타르튀프 / 서민귀족 [희곡]	몰리에르 / 덕성여대극예술비교연구회	8,000원
55 판타지 공장	A. 플라워즈 / 박범수	10,000원
56 홍수·상 [완역판]	J. M. G. 르 클레지오 / 신미경	8,000원
57 홍수·하 [완역판]	J. M. G. 르 클레지오 / 신미경	8,000원
58 일신교 — 성경과 철학자들	E. 오르티그 / 전광호	6,000원
59 프랑스 시의 이해	A. 바이양 / 김다은·이혜지	8,000원
60 종교철학	J. P. 힉 / 김희수	10,000원
61 고요함의 폭력	V. 포레스테 / 박은영	8,000원
62 고대 그리스의 시민	C. 모세 / 김덕희	7,000원
63 미학개론 — 예술철학입문	A. 셰퍼드 / 유호전	10,000원
64 논증 — 담화에서 사고까지	G. 비뇨 / 임기대	6,000원
65 역사 — 성찰된 시간	F. 도스 / 김미겸	7,000원
66 비교문학개요	F. 클로동·K. 아다-보트링 / 김정란	8,000원
67 남성지배	P. 부르디외 / 김용숙	개정판 10,000원
68 호모사피언스에서 인터렉티브인간으로	FORESEEN 연구소 / 공나리	8,000원
69 상투어 — 언어·담론·사회	R. 아모시·A. H. 피에로 / 조성애	9,000원
70 우주론이란 무엇인가	P. 코올즈 / 송형석	근간
71 푸코 읽기	P. 빌루에 / 나길래	8,000원
72 문학논술	J. 파프·D. 로쉬 / 권종분	8,000원
73 한국전통예술개론	沈雨晟	10,000원
74 시학 — 문학 형식 일반론 입문	D. 퐁텐 / 이용주	8,000원
75 진리의 길	A. 보다르 / 김승철·최정아	9,000원
76 동물성 — 인간의 위상에 관하여	D. 르스텔 / 김승철	6,000원
77 랑가쥬 이론 서설	L. 옐름슬레우 / 김용숙·김혜련	10,000원
78 잔혹성의 미학	F. 토넬리 / 박형섭	9,000원
79 문학 텍스트의 정신분석	M. J. 벨멩-노엘 / 심재중·최애영	9,000원
80 무관심의 절정	J. 보드리야르 / 이은민	8,000원
81 영원한 황홀	P. 브뤼크네르 / 김웅권	9,000원
82 노동의 종말에 반하여	D. 슈나페르 / 김교신	6,000원
83 프랑스영화사	J. -P. 장콜 / 김혜련	근간

84	조와 (弔蛙)	金敎臣 / 노치준·민혜숙	8,000원
85	역사적 관점에서 본 시네마	J. -L. 뢰트라 / 곽노경	8,000원
86	욕망에 대하여	M. 슈벨 / 서민원	8,000원
87	산다는 것의 의미·1—여분의 행복	P. 쌍소 / 김주경	7,000원
88	철학 연습	M. 아롱델-로오 / 최은영	8,000원
89	삶의 기쁨들	D. 노게 / 이은민	6,000원
90	이탈리아영화사	L. 스키파노 / 이주현	8,000원
91	한국문화론	趙興胤	10,000원
92	현대연극미학	M. -A. 샤르보니에 / 홍지화	8,000원
93	느리게 산다는 것의 의미·2	P. 쌍소 / 김주경	7,000원
94	진정한 모럴은 모럴을 비웃는다	A. 에슈고엔 / 김웅권	8,000원
95	한국종교문화론	趙興胤	10,000원
96	근원적 열정	L. 이리가라이 / 박정오	9,000원
97	라캉, 주체 개념의 형성	B. 오질비 / 김 석	9,000원
98	미국식 사회 모델	J. 바이스 / 김종명	7,000원
99	소쉬르와 언어과학	P. 가데 / 김용숙·임정혜	10,000원
100	철학적 기본 개념	R. 페르버 / 조국현	8,000원
101	철학자들의 동물원	A. L. 브라-쇼파르 / 문신원	근간
102	글렌 굴드, 피아노 솔로	M. 슈나이더 / 이창실	7,000원
103	문학비평에서의 실험	C. S. 루이스 / 허 종	8,000원
104	코뿔소 (희곡)	E. 이오네스코 / 박형섭	8,000원
105	《제7의 봉인》 비평연구	E. 그랑조르주 / 이은민	근간
106	《쥘과 짐》 비평연구	C. 르 베르 / 이은민	근간
107	경제, 거대한 사탄인가?	P. -N. 지로 / 김교신	7,000원
108	딸에게 들려 주는 작은 철학	R. 시몬 셰퍼 / 안상원	7,000원
109	도덕에 관한 에세이	C. 로슈·J. -J. 바레르 / 고수현	6,000원
110	프랑스 고전비극	B. 클레망 / 송민숙	8,000원
111	고전수사학	G. 위딩 / 박성철	10,000원
112	유토피아	T. 파코 / 조성애	7,000원
113	쥐비알	A. 자르댕 / 김남주	7,000원
114	증오의 모호한 대상	J. 아순 / 김승철	8,000원
115	개인—주체철학에 대한 고찰	A. 르노 / 장정아	7,000원
116	이슬람이란 무엇인가	M. 루스벤 / 최생열	8,000원
117	테러리즘의 정신	J. 보드리야르 / 배영달	8,000원
118	역사란 무엇인가	J. H. 아널드 / 최생열	8,000원
119	느리게 산다는 것의 의미·3	P. 쌍소 / 김주경	7,000원
120	문학과 정치 사상	P. 페티티에 / 이종민	8,000원
121	가장 아름다운 하나님 이야기	A. 보테르 外 / 주태환	8,000원
122	시민 교육	P. 카니베즈 / 박주원	9,000원
123	스페인영화사	J- C. 스갱 / 정동섭	8,000원
124	인터넷상에서—행동하는 지성	H. L. 드레퓌스 / 정혜욱	9,000원
125	내 몸의 신비—세상에서 가장 큰 기적	A. 지오르당 / 이규식	7,000원

126 세 가지 생태학	F. 가타리 / 윤수종	8,000원
127 모리스 블랑쇼에 대하여	E. 레비나스 / 박규현	9,000원
128 위뷔 왕 [희곡]	A. 자리 / 박형섭	8,000원
129 번영의 비참	P. 브뤼크네르 / 이창실	8,000원
130 무사도란 무엇인가	新渡戶稻造 / 沈雨晟	7,000원
131 천 개의 집 [소설]	A. 라히미 / 김주경	근간
132 문학은 무슨 소용이 있는가?	D. 살나브 / 김교신	7,000원
133 종교에 대하여—행동하는 지성	J. 카푸토 / 최생열	근간
134 노동사회학	M. 스트루방 / 박주원	8,000원
135 맞불 · 2	P. 부르디외 / 김교신	10,000원
136 믿음에 대하여—행동하는 지성	S. 지제크 / 최생열	9,000원
137 법, 정의, 국가	A. 기그 / 민혜숙	근간
138 인식, 상상력, 예술	E. 아카마츄 / 최돈호	근간
139 위기의 대학	ARESER / 김교신	근간
140 카오스모제	F. 가타리 / 윤수종	10,000원
141 코란이란 무엇인가	M. 쿡 / 이강훈	근간
142 신학이란 무엇인가	D. F. 포드 / 노치준 · 강혜원	근간
143 누보 로망, 누보 시네마	C. 뮈르시아 / 이창실	근간
144 철학이란 무엇인가	E. 크레이그 / 최생열	근간

【東文選 文藝新書】

1 저주받은 詩人들	A. 뻬이르 / 최수철 · 김종호	개정근간
2 민속문화론서설	沈雨晟	40,000원
3 인형극의 기술	A. 훼도토프 / 沈雨晟	8,000원
4 전위연극론	J. 로스 에반스 / 沈雨晟	12,000원
5 남사당패연구	沈雨晟	10,000원
6 현대영미회곡선(전4권)	N. 코워드 外 / 李辰洙	절판
7 행위예술	L. 골드버그 / 沈雨晟	18,000원
8 문예미학	蔡 儀 / 姜慶鎬	절판
9 神의 起源	何 新 / 洪 熹	16,000원
10 중국예술정신	徐復觀 / 權德周 外	24,000원
11 中國古代書史	錢存訓 / 金允子	14,000원
12 이미지 — 시각과 미디어	J. 버거 / 편집부	12,000원
13 연극의 역사	P. 하트놀 / 沈雨晟	절판
14 詩 論	朱光潜 / 鄭相泓	22,000원
15 탄트라	A. 무케르지 / 金龜山	16,000원
16 조선민족무용기본	최승희	15,000원
17 몽고문화사	D. 마이달 / 金龜山	8,000원
18 신화 미술 제사	張光直 / 李 徹	10,000원
19 아시아 무용의 인류학	宮尾慈良 / 沈雨晟	절판
20 아시아 민족음악순례	藤井知昭 / 沈雨晟	5,000원
21 華夏美學	李澤厚 / 權 瑚	15,000원

22	道	張立文 / 權 瑚	18,000원
23	朝鮮의 占卜과 豫言	村山智順 / 金禧慶	15,000원
24	원시미술	L. 아담 / 金仁煥	16,000원
25	朝鮮民俗誌	秋葉隆 / 沈雨晟	12,000원
26	神話의 이미지	J. 캠벨 / 扈承喜	근간
27	原始佛敎	中村元 / 鄭泰爀	8,000원
28	朝鮮女俗考	李能和 / 金尙憶	24,000원
29	朝鮮解語花史(조선기생사)	李能和 / 李在崑	25,000원
30	조선창극사	鄭魯湜	7,000원
31	동양회화미학	崔炳植	18,000원
32	性과 결혼의 민족학	和田正平 / 沈雨晟	9,000원
33	農漁俗談辭典	宋在璇	12,000원
34	朝鮮의 鬼神	村山智順 / 金禧慶	12,000원
35	道敎와 中國文化	葛兆光 / 沈揆昊	15,000원
36	禪宗과 中國文化	葛兆光 / 鄭相泓・任炳權	8,000원
37	오페라의 역사	L. 오레이 / 류연희	18,000원
38	인도종교미술	A. 무케르지 / 崔炳植	14,000원
39	힌두교의 그림언어	안넬리제 外 / 全在星	9,000원
40	중국고대사회	許進雄 / 洪 熹	30,000원
41	중국문화개론	李宗桂 / 李宰碩	23,000원
42	龍鳳文化源流	王大有 / 林東錫	25,000원
43	甲骨學通論	王宇信 / 李宰碩	근간
44	朝鮮巫俗考	李能和 / 李在崑	20,000원
45	미술과 페미니즘	N. 부루드 外 / 扈承喜	9,000원
46	아프리카미술	P. 윌레뜨 / 崔炳植	절판
47	美의 歷程	李澤厚 / 尹壽榮	28,000원
48	曼荼羅의 神들	立川武藏 / 金龜山	19,000원
49	朝鮮歲時記	洪錫謨 外 / 李錫浩	30,000원
50	하 상	蘇曉康 外 / 洪 熹	절판
51	武藝圖譜通志 實技解題	正 祖 / 沈雨晟・金光錫	15,000원
52	古文字學첫걸음	李學勤 / 河永三	14,000원
53	體育美學	胡小明 / 閔永淑	10,000원
54	아시아 美術의 再發見	崔炳植	9,000원
55	曆과 占의 科學	永田久 / 沈雨晟	8,000원
56	中國小學史	胡奇光 / 李宰碩	20,000원
57	中國甲骨學史	吳浩坤 外 / 梁東淑	35,000원
58	꿈의 철학	劉文英 / 河永三	22,000원
59	女神들의 인도	立川武藏 / 金龜山	19,000원
60	性의 역사	J. L. 플랑드렝 / 편집부	18,000원
61	쉬르섹슈얼리티	W. 챠드윅 / 편집부	10,000원
62	여성속담사전	宋在璇	18,000원
63	박재서희곡선	朴栽緖	10,000원

64 東北民族源流	孫進己 / 林東錫	13,000원
65 朝鮮巫俗의 硏究(상·하)	赤松智城·秋葉隆 / 沈雨晟	28,000원
66 中國文學 속의 孤獨感	斯波六郎 / 尹壽榮	8,000원
67 한국사회주의 연극운동사	李康列	8,000원
68 스포츠인류학	K. 블랑챠드 外 / 박기동 外	12,000원
69 리조복식도감	리팔찬	20,000원
70 娼 婦	A. 꼬르뱅 / 李宗旼	22,000원
71 조선민요연구	高晶玉	30,000원
72 楚文化史	張正明 / 南宗鎭	26,000원
73 시간, 욕망, 그리고 공포	A. 코르뱅 / 변기찬	18,000원
74 本國劍	金光錫	40,000원
75 노트와 반노트	E. 이오네스코 / 박형섭	20,000원
76 朝鮮美術史研究	尹喜淳	7,000원
77 拳法要訣	金光錫	30,000원
78 艸衣選集	艸衣意恂 / 林鍾旭	20,000원
79 漢語音韻學講義	董少文 / 林東錫	10,000원
80 이오네스코 연극미학	C. 위베르 / 박형섭	9,000원
81 중국문자훈고학사전	全廣鎭 편역	23,000원
82 상말속담사전	宋在璇	10,000원
83 書法論叢	沈尹默 / 郭魯鳳	8,000원
84 침실의 문화사	P. 디비 / 편집부	9,000원
85 禮의 精神	柳 肅 / 洪 熹	20,000원
86 조선공예개관	沈雨晟 편역	30,000원
87 性愛의 社會史	J. 솔레 / 李宗旼	18,000원
88 러시아미술사	A.I 조토프 / 이건수	22,000원
89 中國書藝論文選	郭魯鳳 選譯	25,000원
90 朝鮮美術史	關野貞 / 沈雨晟	근간
91 美術版 탄트라	P. 로슨 / 편집부	8,000원
92 군달리니	A. 무케르지 / 편집부	9,000원
93 카마수트라	바짜야나 / 鄭泰爀	10,000원
94 중국언어학총론	J. 노먼 / 全廣鎭	18,000원
95 運氣學說	任應秋 / 李宰碩	15,000원
96 동물속담사전	宋在璇	20,000원
97 자본주의의 아비투스	P. 부르디외 / 최종철	10,000원
98 宗教學入門	F. 막스 뮐러 / 金龜山	10,000원
99 변 화	P. 바츨라빅크 外 / 박인철	10,000원
100 우리나라 민속놀이	沈雨晟	15,000원
101 歌訣(중국역대명언경구집)	李宰碩 편역	20,000원
102 아니마와 아니무스	A. 융 / 박해순	8,000원
103 나, 너, 우리	L. 이리가라이 / 박정오	12,000원
104 베케트연극론	M. 푸크레 / 박형섭	8,000원
105 포르노그래피	A. 드워킨 / 유혜련	12,000원

106 셸 링	M. 하이데거 / 최상욱	12,000원
107 프랑수아 비용	宋 勉	18,000원
108 중국서예 80제	郭魯鳳 편역	16,000원
109 性과 미디어	W. B. 키 / 박해순	12,000원
110 中國正史朝鮮列國傳(전2권)	金聲九 편역	120,000원
111 질병의 기원	T. 매큐언 / 서 일 · 박종연	12,000원
112 과학과 젠더	E. F. 켈러 / 민경숙 · 이현주	10,000원
113 물질문명 · 경제 · 자본주의	F. 브로델 / 이문숙 外	절판
114 이탈리아인 태고의 지혜	G. 비코 / 李源斗	8,000원
115 中國武俠史	陳 山 / 姜鳳求	18,000원
116 공포의 권력	J. 크리스테바 / 서민원	23,000원
117 주색잡기속담사전	宋在璇	15,000원
118 죽음 앞에 선 인간(상·하)	P. 아리에스 / 劉仙子	각권 8,000원
119 철학에 대하여	L. 알튀세르 / 서관모 · 백승욱	12,000원
120 다른 곳	J. 데리다 / 김다은 · 이혜지	10,000원
121 문학비평방법론	D. 베르제 外 / 민혜숙	12,000원
122 자기의 테크놀로지	M. 푸코 / 이희원	16,000원
123 새로운 학문	G. 비코 / 李源斗	22,000원
124 천재와 광기	P. 브르노 / 김웅권	13,000원
125 중국은사문화	馬 華 · 陳正宏 / 강경범 · 천현경	12,000원
126 푸코와 페미니즘	C. 라마자노글루 外 / 최 영 外	16,000원
127 역사주의	P. 해밀턴 / 임옥희	12,000원
128 中國書藝美學	宋 民 / 郭魯鳳	16,000원
129 죽음의 역사	P. 아리에스 / 이종민	18,000원
130 돈속담사전	宋在璇 편	15,000원
131 동양극장과 연극인들	김영무	15,000원
132 生育神과 性巫術	宋兆麟 / 洪 熹	20,000원
133 미학의 핵심	M. M. 이턴 / 유호전	20,000원
134 전사와 농민	J. 뒤비 / 최생열	18,000원
135 여성의 상태	N. 에니크 / 서민원	22,000원
136 중세의 지식인들	J. 르 고프 / 최애리	18,000원
137 구조주의의 역사(전4권)	F. 도스 / 김웅권 外 Ⅰ·Ⅱ·Ⅳ 15,000원 / Ⅲ 18,000원	
138 글쓰기의 문제해결전략	L. 플라워 / 원진숙 · 황정현	20,000원
139 음식속담사전	宋在璇 편	16,000원
140 고전수필개론	權 瑚	16,000원
141 예술의 규칙	P. 부르디외 / 하태환	23,000원
142 "사회를 보호해야 한다"	M. 푸코 / 박정자	20,000원
143 페미니즘사전	L. 터틀 / 호승희 · 유혜련	26,000원
144 여성심벌사전	B. G. 워커 / 정소영	근간
145 모더니테 모더니테	H. 메쇼닉 / 김다은	20,000원
146 눈물의 역사	A. 벵상뷔포 / 이자경	18,000원
147 모더니티입문	H. 르페브르 / 이종민	24,000원

148	재생산	P. 부르디외 / 이상호	18,000원
149	종교철학의 핵심	W. J. 웨인라이트 / 김희수	18,000원
150	기호와 몽상	A. 시몽 / 박형섭	22,000원
151	융분석비평사전	A. 새뮤얼 外 / 민혜숙	16,000원
152	운보 김기창 예술론연구	최병식	14,000원
153	시적 언어의 혁명	J. 크리스테바 / 김인환	20,000원
154	예술의 위기	Y. 미쇼 / 하태환	15,000원
155	프랑스사회사	G. 뒤프 / 박 단	16,000원
156	중국문예심리학사	劉偉林 / 沈揆昊	30,000원
157	무지카 프라티카	M. 캐넌 / 김혜중	25,000원
158	불교산책	鄭泰爀	20,000원
159	인간과 죽음	E. 모랭 / 김명숙	23,000원
160	地中海(전5권)	F. 브로델 / 李宗畋	근간
161	漢語文字學史	黃德實·陳秉新 / 河永三	24,000원
162	글쓰기와 차이	J. 데리다 / 남수인	28,000원
163	朝鮮神事誌	李能和 / 李在崑	근간
164	영국제국주의	S. C. 스미스 / 이태숙·김종원	16,000원
165	영화서술학	A. 고드로·F. 조스트 / 송지연	17,000원
166	美學辭典	사사키 겡이치 / 민주식	22,000원
167	하나이지 않은 성	L. 이리가라이 / 이은민	18,000원
168	中國歷代書論	郭魯鳳 譯註	25,000원
169	요가수트라	鄭泰爀	15,000원
170	비정상인들	M. 푸코 / 박정자	25,000원
171	미친 진실	J. 크리스테바 外 / 서민원	25,000원
172	디스탱숑(상·하)	P. 부르디외 / 이종민	근간
173	세계의 비참(전3권)	P. 부르디외 外 / 김주경	각권 26,000원
174	수묵의 사상과 역사	崔炳植	근간
175	파스칼적 명상	P. 부르디외 / 김웅권	22,000원
176	지방의 계몽주의	D. 로슈 / 주명철	30,000원
177	이혼의 역사	R. 필립스 / 박범수	25,000원
178	사랑의 단상	R. 바르트 / 김희영	근간
179	中國書藝理論體系	熊秉明 / 郭魯鳳	23,000원
180	미술시장과 경영	崔炳植	16,000원
181	카프카 — 소수적인 문학을 위하여	G. 들뢰즈·F. 가타리 / 이진경	13,000원
182	이미지의 힘 — 영상과 섹슈얼리티	A. 쿤 / 이형식	13,000원
183	공간의 시학	G. 바슐라르 / 곽광수	근간
184	랑데부 — 이미지와의 만남	J. 버거 / 임옥희·이은경	18,000원
185	푸코와 문학 — 글쓰기의 계보학을 향하여	S. 듀링 / 오경심·홍유미	근간
186	각색, 연극에서 영화로	A. 엘보 / 이선형	16,000원
187	폭력과 여성들	C. 도펭 外 / 이은민	18,000원
188	하드 바디 — 할리우드 영화에 나타난 남성성	S. 제퍼드 / 이형식	18,000원
189	영화의 환상성	J.-L. 뢰트라 / 김경온·오일환	18,000원

190	번역과 제국	D. 로빈슨 / 정혜욱	16,000원
191	그라마톨로지에 대하여	J. 데리다 / 김웅권	근간
192	보건 유토피아	R. 브로만 外 / 서민원	근간
193	현대의 신화	R. 바르트 / 이화여대기호학연구소	20,000원
194	중국회화백문백답	郭魯鳳	근간
195	고서화감정개론	徐邦達 / 郭魯鳳	근간
196	상상의 박물관	A. 말로 / 김웅권	근간
197	부빈의 일요일	J. 뒤비 / 최생열	22,000원
198	아인슈타인의 최대 실수	D. 골드스미스 / 박범수	16,000원
199	유인원, 사이보그, 그리고 여자	D. 해러웨이 / 민경숙	25,000원
200	공동생활 속의 개인주의	F. 드 생글리 / 최은영	20,000원
201	기식자	M. 세르 / 김웅권	24,000원
202	연극미학 — 플라톤에서 브레히트까지의 텍스트들	J. 셰레 外 / 홍지화	24,000원
203	철학자들의 신	W. 바이셰델 / 최상욱	근간
204	고대 세계의 정치	모제스 I. 핀레이 / 최생열	16,000원
205	프란츠 카프카의 고독	M. 로베르 / 이창실	18,000원
206	문화 학습 — 실천적 입문서	J. 자일스・T. 미들턴 / 장성희	24,000원
207	호모 아카데미쿠스	P. 부르디외 / 임기대	근간
208	朝鮮槍棒教程	金光錫	40,000원
209	자유의 순간	P. M. 코헨 / 최하영	16,000원
210	밀교의 세계	鄭泰爀	16,000원
211	토탈 스크린	J. 보드리야르 / 배영달	19,000원
212	영화와 문학의 서술학	F. 바누아 / 송지연	근간
213	텍스트의 즐거움	R. 바르트 / 김희영	15,000원
214	영화의 직업들	B. 라트롱슈 / 김경온・오일환	근간
215	소설과 신화	이용주	15,000원
216	문화와 계급 — 부르디외와 한국 사회	홍성민 外	18,000원
217	작은 사건들	R. 바르트 / 김주경	14,000원
218	연극분석입문	J. -P. 링가르 / 박형섭	18,000원
219	푸코	G. 들뢰즈 / 허 경	근간
220	우리나라 도자기와 가마터	宋在璇	30,000원
221	보이는 것과 보이지 않는 것	M. 퐁티 / 남수인・최의영	근간
222	메두사의 웃음/출구	H. 식수 / 박혜영	근간
223	담화 속의 논증	R. 아모시 / 장인봉	근간
224	포켓의 형태	J. 버거 / 이영주	근간
225	이미지심벌사전	A. 드 브리스 / 이원두	근간
226	이데올로기	D. 호크스 / 고길환	16,000원
227	영화의 이론	B. 발라즈 / 이형식	근간
228	건축과 철학	J. 보드리야르・J. 누벨 / 배영달	16,000원
229	폴 리쾨르 — 삶의 의미들	F. 도스 / 이봉지 外	근간
230	서양철학사	A. 케니 / 이영주	근간
231	근대성과 육체의 정치학	D. 르 브르통 / 홍성민	근간

232 허난설헌	金成南	16,000원
233 인터넷철학	G. 그레이엄 / 이영주	근간
234 촛불의 미학	G. 바슐라르 / 이가림	근간
235 의학적 추론	A. 시쿠렐 / 서민원	근간

【기 타】

▨ 모드의 체계	R. 바르트 / 이화여대기호학연구소	18,000원
▨ 라신에 관하여	R. 바르트 / 남수인	10,000원
▨ 說 苑 (上·下)	林東錫 譯註	각권 30,000원
▨ 晏子春秋	林東錫 譯註	30,000원
▨ 西京雜記	林東錫 譯註	20,000원
▨ 搜神記 (上·下)	林東錫 譯註	각권 30,000원
■ 경제적 공포〔메디치賞 수상작〕	V. 포레스테 / 김주경	7,000원
■ 古陶文字徵	高 明·葛英會	20,000원
■ 古文字類編	高 明	절판
■ 金文編	容 庚	36,000원
■ 고독하지 않은 홀로되기	P. 들레름·M. 들레름 / 박정오	8,000원
■ 그리하여 어느날 사랑이여	이외수 편	4,000원
■ 딸에게 들려 주는 작은 지혜	N. 레흐레이트너 / 양영란	6,500원
■ 노력을 대신하는 것은 없다	R. 쉬이 / 유혜련	5,000원
■ 노블레스 오블리주	현택수 사회비평집	7,500원
■ 미래를 원한다	J. D. 로스네 / 문 선·김덕희	8,500원
■ 사랑의 존재	한용운	3,000원
■ 산이 높으면 마땅히 우러러볼 일이다	유 향 / 임동석	5,000원
■ 서기 1000년과 서기 2000년 그 두려움의 흔적들	J. 뒤비 / 양영란	8,000원
■ 서비스는 유행을 타지 않는다	B. 바게트 / 정소영	5,000원
■ 선종이야기	홍 회 편저	8,000원
■ 섬으로 흐르는 역사	김영희	10,000원
■ 세계사상	창간호~3호: 각권 10,000원 / 4호: 14,000원	
■ 십이속상도안집	편집부	8,000원
■ 어린이 수묵화의 첫걸음(전6권)	趙 陽 / 편집부	각권 5,000원
■ 오늘 다 못다한 말은	이외수 편	7,000원
■ 오블라디 오블라다, 인생은 브래지어 위를 흐른다	무라카미 하루키 / 김난주	7,000원
■ 인생은 앞유리를 통해서 보라	B. 바게트 / 박해순	5,000원
■ 잠수복과 나비	J. D. 보비 / 양영란	6,000원
■ 천연기념물이 된 바보	최병식	7,800원
■ 原本 武藝圖譜通志	正祖 命撰	60,000원
■ 隸字編	洪鈞陶	40,000원
■ 테오의 여행 (전5권)	C. 클레망 / 양영란	각권 6,000원
■ 한글 설원 (상·중·하)	임동석 옮김	각권 7,000원
■ 한글 안자춘추	임동석 옮김	8,000원
■ 한글 수신기 (상·하)	임동석 옮김	각권 8,000원

東文選 現代新書 1

21세기를 위한 새로운 엘리트

FORSEEN 연구소 (프)
김경현 옮김

 우리 사회의 미래를 누르고 있는 경제적·사회적 그리고 도덕적 불확실성과 격변하는 세계에서 새로운 지표들을 찾는 어려움은 엘리트들의 역할과 책임에 대한 재고를 요구한다.

 엘리트의 쇄신은 불가피하다. 미래의 지도자들은 어떠한 모습을 갖게 될 것인가? 그들은 어떠한 조건하의 위기 속에서 흔들린 그들의 신뢰도를 다시금 회복할 수 있을 것인가? 기업의 경영을 위해 어떠한 변화를 기대해야 할 것인가? 미래의 결정자들을 위해서 어떠한 교육이 필요한가? 다가오는 시대의 의사결정자들에게 필요한 자질들은 어떠한 것들일까?

 이 한 권의 연구보고서는 21세기를 이끌어 나갈 엘리트들에 대한 기대와 조건분석을 시도하고 있으며, 구체적으로 그들이 담당할 역할과 반드시 갖추어야 될 미래에 대한 비전을 제시하고 있다.

 본서는 프랑스의 세계적인 커뮤니케이션 그룹인 아브스 그룹 산하의 포르셍 연구소에서 펴낸 《미래에 대한 예측총서》 중의 하나이다. 63개국에 걸친 연구원들의 활동을 바탕으로 세계적인 차원에서 우리 사회를 변화시키게 될 여러 가지 추세들을 깊숙이 파악하고 있다.

 사회학적 추세를 연구하는 포르셍 연구소의 이번 연구는 단순히 미래를 예측하는 데에 그치는 것이 아니라, 미래를 준비하는 자들로 하여금 보충적인 성찰의 요소들을 비롯해서, 그들을 에워싸고 있는 세계에 대한 보다 넓은 이해를 지닌 상태에서 행동하고 앞날을 맞이하게끔 하기 위해서 이 관찰을 활용하자는 것이다.

現代新書 11 : 옥스퍼드대학 철학입문

우리는 무엇을 아는가

토머스 나겔
오영미 옮김

　보통 사람들에게 철학의 어려운 질문들이 문제시되어야 하는가? 저자는 왜 철학의 문제들이 수세기에 걸쳐 끊임없이 사상가들을 매료시키고, 또 당혹케 해왔는지를 생생하고 이해하기 쉬운 산문체의 글을 통해 밝힘으로써 그 문제들을 새롭게 조명한다.

　철학에 대해 배우는 가장 좋은 방법은 그 문제와 정면으로 부딪히는 것이라고 주장하면서, 그는 우리가 스스로에게 던질수 있는 가장 중요한 몇 가지 질문들을 시작한다. 우리는 진정으로 자유 의지를 가질 수 있는가? 우리는 왜 도덕적이어야 하는가? 우리의 정신과 두뇌 사이에는 어떤 관계가 있는가? 사후에 삶이 존재하는가? 우리는 죽음에 대해 어떻게 느껴야 하는가? 수십억 광년의 거리를 가진 거대한 우주에서 우리가 살아가면서 행하는 어떤 것이 정말로 중요한가? 만약 그게 중요하지 않다면, 중요하지 않다는 그 사실이 또 문제가 되는가? 이러한 것들은 우리가 인간의 상황에 대해 던지는 영원한 질문들이며 나겔은 그것들을, 그리고 그와 유사한 다른 문제들을 사려 깊고 분명하게 그러면서도 유머를 가지고 탐구한다. 그는 자신의 의견을 자유롭게 토로하지만, 언제나 스스로 사고하도록 독자들을 격려함으로써 독자들이 다른 해답을 찾을 수 있는 여지를 남겨두는 참신함과 겸손을 잃지 않는다.

東文選 現代新書 14

사랑의 지혜

알랭 핑켈크로트
권유현 옮김

 수많은 말들 중에서 주는 행위와 받는 행위, 자비와 탐욕, 자선과 소유욕을 동시에 의미하는 낱말이 하나 있다. 사랑이라는 말이다. 그러나 누가 아직도 무사무욕을 믿고 있는가? 누가 무상의 행위를 진짜로 존재한다고 생각하는가? '근대'의 동이 터오면서부터 도덕을 논하는 모든 계파들은 어느것을 막론하고 무상은 탐욕에서, 또 숭고한 행위는 획득하고 싶은 욕망에서 유래한다는 설명을 하고 있다.

 이 책에서 묘사하는 사랑의 이야기는 타자와 나 사이의 불공평에서 출발한다. 즉 사랑이란 타자가 언제나 나보다 우위에 놓이는 것이며, 끊임없이 나에게서 도망가는 타자로부터 나는 도망가지 못하는 것이다. 그리고 사랑의 지혜란 이 알 수 없고 환원되지 않는 타자의 얼굴에 다가가기 위해 애쓰는 것이다. 저자는 이 책에서 남녀간의 사랑의 감정에서 출발하여 타자의 존재론적인 문제로, 이어서 근대사의 비극으로 그의 철학적 성찰을 이끌어 가기 때문이다. 그러나 우리가 이웃에 대한 사랑을 이상적인 영역으로 내쫓는다고 해서, 현실을 더 잘 생각한다는 법은 없다. 오히려 우리는 타인과의 원초적 관계를 이해하기 위해서, 또 그것에서 출발하여 사랑의 감정뿐 아니라 다른 사람에 대한 미움의 감정까지도 이해하기 위해서, 유행에 뒤진 이 개념, 소유의 이야기와는 또 다른 이야기를 필요로 할 수 있다.

 알랭 핑켈크로트는 엠마뉴엘 레비나스의 작품에 영향을 받아서 근대가 겪은 엄청난 집단 체험과 각 개인이 살아가면서 맺는 '타자'와의 관계에 대해서 계속해서 질문을 던진다. 이것은 철학임에 틀림없다. 그렇기는 하지만 구체적인 인물에 의해 이야기로 꾸민 철학이다. 이 책은 인간에 대한 인식의 수단으로 플로베르·제임스, 특히 프루스트를 다루며, 이들의 현존하는 문학작품에 의해 철학을 이야기로 꾸며 나간다.

東文選 現代新書 96

근원적 열정

뤼스 이리가라이

박정오 옮김

뤼스 이리가라이의 《근원적 열정》은 여성이 남성 연인을 향한 열정을 노래하는 독백 형식의 산문시로 이루어져 있다. 이 글에서는 여성이 담화의 주체로 등장하지만, 남성 중심으로 이루어진 현존하는 언어의 상징 체계와 사회 구조 안에서 여성의 열정과 그 표현은 용이하지도 자유로울 수도 없다.

따라서 이리가라이는 연애 편지 형식을 빌려 와, 그 안에 달콤한 사랑 노래 대신 가부장제 안에서 남녀간의 진정한 결합이 왜 가능할 수 없는지를 역설적으로 보여 주려 애쓴다. 연애 편지 형식의 패러디는 기존의 남녀 관계에 의문을 제기하고 교란시키는 적절한 하나의 전략이 되고 있는 것이다.

서구의 도덕적 코드가 성경 위에 세워지고, 신학이 확립되면서 여신 숭배와 주술은 주변으로 밀려났다. 이리가라이는 그 뒤 남성신이 홀로 그의 말과 의지대로 우주를 창조하고, 그의 아들에게 자연과 모든 피조물을 통치하게 하는 사고 체계가 형성되면서 여성성은 억압되었다고 지적한다. 또한 그녀는 남성신에서 출발한 부자 관계의 혈통처럼, 신성한 여신에게서 정체성을 발견하고 면면히 이어지는 모녀 관계의 확립이 비로소 동등한 남녀간의 사랑과 결합을 가능케 해준다고 주장한다.

이리가라이는 정신과 육체의 이분법적인 서구 철학의 분류에서 항상 하위 개념인 몸이나 촉각이 여성적인 것과 연관되어 있다는 점을 인식하고 타자로 밀려난 몸에 일찍부터 주목해 왔다. 따라서 《근원적 열정》은 여성 문화를 확립하는 일환으로 여성의 몸이 부르는 새로운 노래를 찾아나선 여정이자, 여성적 글쓰기의 실천 공간인 것이다.

東文選 現代新書 109

도덕에 관한 에세이

크리스티앙 로슈 外
고수현 옮김

 전쟁, 학살, 시체더미들, 멈출 줄 모르는 인간 사냥, 이보다 더 끔찍한 것은 살인자들이 살인을 자행하면서 느끼는 불온한 쾌감, 희생자가 겪는 고통 앞에서 느끼는 황홀감이다. 인간은 처벌의 공포만 사라지면 악행에서 쾌락을 얻는다.
 공민 교육이라는 구실하에 학교에서 도덕을 가르치는 것에 대해 찬성해야 할까, 반대해야 할까?
 도덕은 가르칠 수 있는 것일까? 도덕은 무엇을 근거로 세워진 것인가? 도덕의 가치를 어떻게 정의내릴 수 있을까?
 세계화라는 강요된 대세에 눌린 우리 시대, 냉혹한 자유 경제 논리에 가정이 짓밟히는 듯한 느낌이 점점 고조되는 이때에 다시금 도덕적 데카당스를 비난하는 목소리가 높아지고 있다. 물론 여기에는 파시스트적인 질서를 바라는 의심스러운 분노도 뒤섞여 있다. 또한 다른 사람들에 대한 온화한 존경심에서 우러나온 예의 범절이라는 규범적인 이상을 꿈꾸면서 금기와 도덕 규범으로 되돌아갈 것을 요구하는 사람도 있고, 교훈적인 도덕의 이름을 내세우며 강경한 억압책에 호소하는 사람들도 있다.
 하지만 어떻게 억지로, 혹은 도덕 강의로 도덕적 위기에 의해 붕괴되어 가는 가정 속에서 잘못된 삶을 사는 청소년들을 '일으켜 세울' 수 있다고 생각할 수 있는가? 도덕이라는 현대적 변명은 그 되풀이되는 시도 및 협정과 더불어, 단순히 담론적인 덕을 통해 사회 문제를 해결하지 못하는 모종의 무능력함을 몰아내고자 하는 것은 아닐까?

東文選 現代新書 129

번영의 비참
— 종교화한 시장 경제와 그 적들

파스칼 브뤼크네르 / 이창실 옮김

'2002 프랑스 BOOK OF ECONOMY賞' 수상
'2002 유러피언 BOOK OF ECONOMY賞' 특별수훈

번영의 한가운데서 더 큰 비참이 확산되고 있다면 세계화의 혜택은 무엇이란 말인가?

모든 종교와 이데올로기가 붕괴되는 와중에 그래도 버티는 게 있다면 그건 경제다. 경제는 이제 무미건조한 과학이나 이성의 냉철한 활동이기를 그치고, 발전된 세계의 마지막 영성이 되었다. 이 준엄한 종교성은 이렇다 할 고양된 감정은 없어도 제의(祭儀)에 가까운 열정을 과시한다.

이 신화로부터 새로운 반체제 운동들이 사람들의 마음을 사로잡는다. 시장의 불공평을 비난하는 이 운동들은 지상의 모든 혼란의 원인이 시장에 있다고 본다. 그러나 실상은 그렇게 하면서 시장을 계속 역사의 원동력으로 삼게 된다. 신자유주의자들이나 이들을 비방하는 자들 모두가 같은 신앙으로 결속되어 있는 만큼 그들은 한통속이라 할 수 있다.

그렇다면 우리가 벗어나야 하는 것은 자본주의가 아니라 경제만능주의이다. 사회 전체를 지배하려 드는 경제의 원칙, 우리를 근면한 햄스터로 실추시켜 단순히 생산자·소비자 혹은 주주라는 역할에 가두어두는 이 원칙을 너나없이 떠받드는 상황에서 벗어나야 한다. 일체의 시장 경제 행위를 원위치에 되돌려 놓고 시장 경제가 아닌 자리를 되찾아야 한다. 이것은 우리 삶의 의미와도 직결되는 문제이기 때문이다.

파스칼 브뤼크네르: 1948년생으로 오늘날 프랑스에서 가장 영향력 있는 에세이스트이자 소설가이기도 하다. 그는 매 2년마다 소설과 에세이를 번갈아 가며 발표하고 있다. 주요 저서로는 《순진함의 유혹》(1995 메디치상), 《아름다움을 훔친 자들》(1997 르노도상), 《영원한 황홀》 등이 있으며, 1999년에는 프랑스에서 가장 많이 팔린 작가로 뽑히기도 하였다.